通勤大学MBA5

コーポレートファイナンス

慶應義塾大学ビジネススクール教授
青井倫一＝監修
Michikazu Aoi
グローバルタスクフォース(株)＝著
GLOBAL TASKFORCE K.K.

通勤大学文庫
STUDY WHILE COMMUTING
総合法令

まえがき

■なぜＭＢＡにおけるファイナンスを学ぶのか　～世界のビジネスマンの基礎～

本書で取り上げるテーマである「ファイナンス」は、ＭＢＡコースの代表的な必須科目であり、広くグローバルビジネスの世界においても共通言語となっています。ファイナンスの視点は、なにも財務部長やＣＦＯなどの担当者だけに必要なものでなく、広く営業部から研究開発部、そして経営企画部の担当がグローバルビジネスの共通言語を体系的に学ぶために必要なものです。例えば、商品を売るために多くの予算を取りたい営業・マーケティング部と経費圧縮に加え残りの予算の適正配分を行う必要がある財務部の間の議論がしばしば噛み合わない上、結局どちらが正しいのか判断できないのは、お互いの前提と状況を理解することなく、感情的な議論を行うためです。現実的な問題に対する共通の解を得るためには、ビジネス上における共通の認識と言語を持つことがスタート地点となります。

また、ファイナンスの視点と知識は、ビジネスマンが起業や経営者として事業の運営を行う上で、最低限知っておくべきルールでもあります。どのような意思決定がどれほどの意味とリスクを持った上で決断されるべきかといったプロセスにおいても、また外部の専門家の助言やアドバイスが一〇〇%正しいのか、裏に隠れた前提があるのかなど、その真意を確認する意味でもマスターしておくべき重要な内容であります。この専門家のアドバイスというのは、企業内だけではなく個人に当てはめても同様です。自分の今持っているお金をどのように運用すべきか、仕組みに関する知識なしでは意思決定そのものを放棄することになってしまいます。

■本書の目的と対象者

本書を読んでいただく対象となる方は、どの世界でも通用する生きたビジネスの法則と理論を結びつけて、自分自身の市場価値向上につなげることを目指すビジネスマンです。実際、前向きなビジネスマンほど時間がなく、通勤時間が唯一の自由時間である場合も多いといえますが、電車の中で読むのに適したサイズの有用なビジネス書は数が限られています。本書は、今まで分厚いビジネス書を買ってはみたものの、時間がないために一章しか読まずに本棚にしまってしまっていた方でも、通勤時間、待ち合わせ時間などの細切れ時間を利用できることを前提に、わかりやすくしかもコンパクトに書かれています。

■本書の構成

本書では、「時間的価値の重要性」を基軸として、投資決定やM&Aなどを睨んだ企業価値の評価など、将来へ向けたアクションの意思決定を行うまでのプロセスを検討します。また、その内容に応じて第1部である「基礎編」（第1章～5章）と第2部である「活用編」（第6章～8章）とに分かれています。

第1部「基礎編」は以下のように、最低限ファイナンスを使う上で理解しておくべき知識について説明します。第1章では、企業活動の中での財務の役割、すなわち企業財務（"Corporate Finance"）の目的とその役割について説明されています。第2章では、リスクや時間的価値といった投資の意思決定をする為に必要な考え方や手法を考えていきます。第3章ではキャッシュフロー、すなわち会計でいう利益に対して活きたキャッシュの動きについて考えます。第4章では、ファイナンスの重要な考えである「リスクとリターン」のうち、特に「リスク」にフォーカスして考えていきます。第5章では、リターンを考える際必要となる資本コストについて考えます。そして、WACCやCAPMなどについて見ていきます。

第2部「活用編」では、第1部「基礎編」における個々の基礎知識を踏まえ、それらを統合して実際のビジネスでの活用を考えます。第6章では、実際に投資案件を検証し、最終的な意思決定を行う手法とその基準について学びます。また、新たな投資評価手法としてリアルオプションについても検討します。第7章では、企業戦略の手法の一つとして実施されM&Aやベンチャー企業に対する投資評価を行うための「企業価値」算出方法と、その事例を考えます。第6章「投資の意思決定」と第7章「企業価値」が本書の最重要項目であり、かなりの紙面を割いています。第8章では、資本構成と配当政策といった普段考えることの少ない企業内部の政策について、それぞれどういった特徴があり、どうそれらを考慮していくべきかを考えます。

なお、第8章の内容は、すべてのビジネスマンが必要とするよりも、むしろ財務や経理に携わる方にとって必要となる項目であるため、本書ではその概要についてのみ説明しています。

見やすさに配慮して図を入れ、見開き二ページで一つのテーマが完結するようまとめてありますので、どの章から始められても理解ができるようにレイアウトされています。しかし、やはりＭＢＡを学ぶ最も重要な意義は「体系的」に理解をすることにありますので、虫食いにならないよう、順番にマスターしていくことができると最大限の学習効果を上げることができます。

■謝辞

本書の出版にあたり、様々な方々にご協力をいただきました。まず、監修において貴重なアドバイスを頂戴した慶應義塾大学ビジネススクールの青井倫一教授に深くお礼を申し上げます。

そして出版に当たり、貴重な助言を頂戴した総合法令出版の代表取締役社長仁部亨氏、高橋毅氏、竹下祐治氏に感謝の意を表します。また貴重な助言を下さった中村誠司氏、William Archer氏に感謝します。

通勤大学MBA5

コーポレートファイナンス

■目次■

まえがき

第*1*部　基礎編

3. キャッシュフロー

4. リスク

5. 資本コスト

第2部　活用編

6. 投資の意思決定

7. 企業価値

第1部
基礎編

第1部はファイナンスの役割を理解した上で、ファイナンスの重要な基本コンセプトである貨幣の時間的価値の概念、キャッシュフローの概念、リスクとリターンの関係、そして資本コストといった、最低限ファイナンスを使う上で理解しておくべき基本知識について説明します。

そのうち、第1章「ファイナンスの役割」では、企業活動の目的となる「企業価値の向上」を達成するために、企業財務としては、何を理解し、決定していく必要があるのかを考えます。

第2章「貨幣の時間的価値」では、投資という行為の意味を考えるために、まず投資家の定義を考えます。また、投資家がリターンを計算する際には、時間の価値を考慮に入れなければならないことを学習します。そしてその時間の価値とは何かと、実際に、その時間的価値をどう計算上反映させるか、ということを考えます。また、これらを使い、投資の意思決定を行うために将来価値（FV）、現在価値（PV）そして割引率の概念とその関係について説明します。

第3章「キャッシュフロー」では、企業価値の算定や投資の意思決定の際に、従来の「利益」を使うのではなく「キャッシュフロー」を使用する必要性について説明します。そして、キャッシュフローの概念について整理を行います。その後、キャッシュフローの算出方法を提示し、実際にキャッシュフローの算出を行う演習を実施します。

また、企業価値の算出や投資の意思決定に際して、キャッシュフローを永久的に予測することは現実的ではありません。せいぜい一〇年間を予測し、その後はある仮定に基づいて計算するのが現実的です。そこで、キャッシュフローの予測期間以降の仮定計算として使用する永続価値や成長永続価値について説明します。

第4章「リスク」では、投資に必ず関わるリスク（不確実性）に関して深く検討していきます。つまり、ファイナンスで常に検討すべきリスク（不確実性）を理解し、その上でいかにそのリスク（不確実性）とリターンの見込みの大きさについて、バランスをとっていくかといったことが重要となります。このバランスをとる上で必要となるポートフォリオのコンセプトを学び、実例をもってその設定方法を吸収します。また、一口にリスクといっても市場リスクと個別リスクの異なる二種類が存在することを確認し、さらに個別企業のリスクと株式市場全体の相関性を見るベータ値について理解を深めます。

第5章「資本コスト」では、「割引率＝（投資家の）期待収益率＝（企業の）調達資本コスト」といった関係を確認し、投資の意思決定と評価を行うためには、まずこの資本コストの算出が不可欠であることを学びます。また、同じ資金の調達であっても、負債による調達と株主資本による調達があり、資本コストも負債コストと株主資本コストがあることを学びます。そしてそれらの算出方法を説明します。そして最終的に、ここで求められる資本コストが、投資家の求める必要リターンである、ということを再確認します。

なお、転換社債や新株引受権付き社債についても、同様に発生し得る資本コストの算出方法を学習します。

◉第1部

1．ファイナンスの役割

1-1 ファイナンスとは

ファイナンス（Finance）とは、英語辞典を引くと名詞としては、「金融、財政、資金、資金調達、財源確保」と訳すことができます。また動詞としてのファイナンスは、「財務を管理する、資金を賄う」と訳すことができます。

企業は、様々な経営資源を用いて製品・サービスを作り出し、顧客に提供しています。一般的に使われる経営資源は、「ヒト」、「モノ」、「カネ」、「情報」であるといわれています。企業経営では、これらの経営資源を有効に組み合わせ、どのような製品またはサービスを、誰に、どのように提供していくのかを考えます。

しかし、この「ヒト」、「モノ」、「情報」を活用するには、「カネ」が必要になります。資金がなければ経営を行うことはできません。

この、相互に関連する経営資源の組み合わせをキャッシュの観点から管理するものが

企業経営とファイナンス

企業経営

「ヒト」、「モノ」、「カネ」、「情報」といった経営資源を有効に組み合わせ、どのような製品またはサービスを、誰に、どのように提供していくのかを考える

ファイナンス

相互に関連する「ヒト」、「モノ」、「情報」という経営資源の組み合わせをキャッシュの観点から管理するもの

ファイナンスであるといえます。設備の購入にはいくら必要か、何人の人が必要で、人件費はいくら必要か、という投資の決定はファイナンスの重要なテーマです。投資の決定においては、投資したキャッシュが投資額を上回るキャッシュとして戻ってくることが重要となります。それでないと、企業の価値を高めることはできません。

つまり、企業に関わる財源の確保、資金の調達など、企業が生産や販売など企業活動を行うにあたり、必要な資金をどのように調達し、それをどのように運用するのかを考えるのが「ファイナンス」であるといえます。

1-2 ファイナンスの役割

■企業活動の目的

企業活動の目的とは何でしょうか。企業活動の目的は、株主に対して、配当やキャピタルゲインなどの経済的価値を創造することです。その究極的目標を達成するために、企業は「企業価値」を創造していかなければなりません。企業財務の目的は、まさにこの「企業価値を向上させること」なのです。

「企業価値」とは「いかに企業活動を通し、利益を生み出すことができるか」ということです。つまり、調達したお金とそれにかかる経費よりも多くのリターンを生み出せれば、企業価値を向上させることができます。

■コーポレートファイナンスの役割

では具体的に企業価値を上げるために、企業内の財務機能ではどういった意思決定がな

ファイナンスの役割

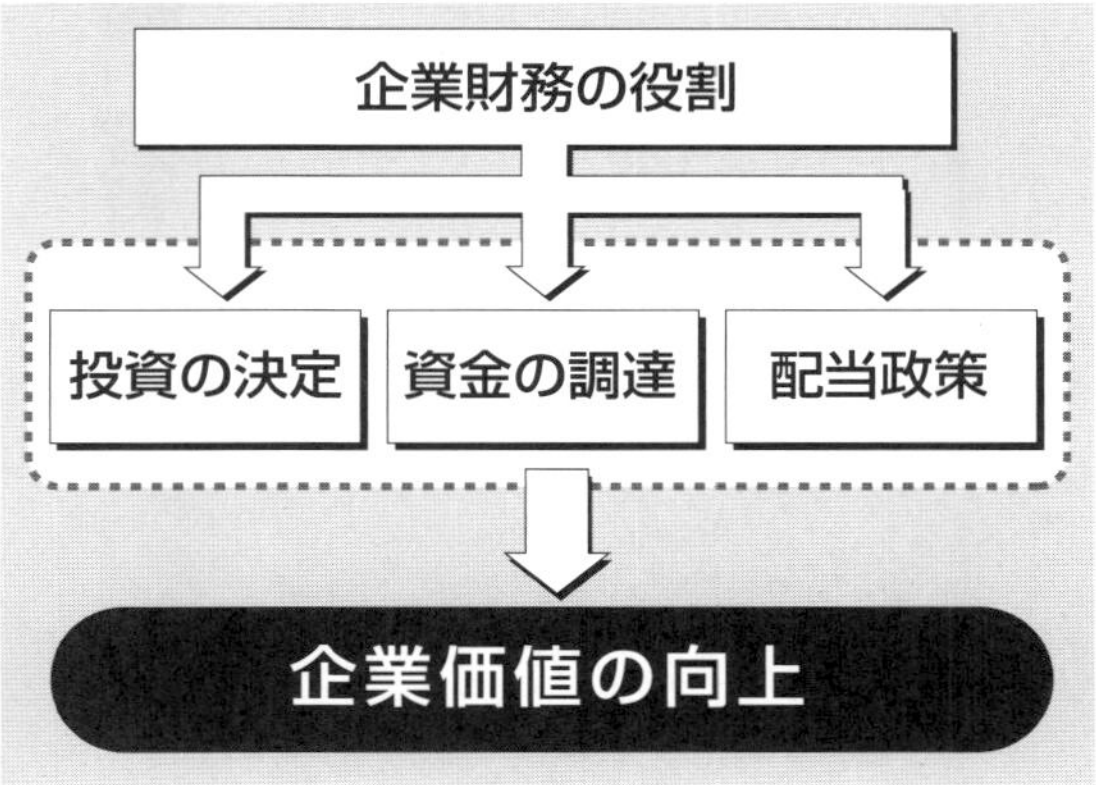

されるのでしょうか。企業価値を上げるための財務の役割としては、以下の三つが大きな柱となっています。

①「投資の意思決定」…いかに資本コストを上回るようなリターンが得られる事業に投資するか、といった投資に関する意思決定をする役割

②「資金の調達」…資本コスト（企業価値を維持するために必要とされる収益率）を考慮し、「負債」と「株主資本」のバランスをどうとるか、といった資金調達の部分での意思決定をする役割

③「配当に関する政策」…どの程度利益を配当へまわすか、もしくは内部留保させるかといった配当政策の意思決定をする役割

2. 貨幣の時間的価値

2-1 投資家とは

ファイナンスを学習するにあたり、まず投資家とはどういう人たちなのかを明確にする必要があります。投資家にとって最も基本的な考えは、簡単にいえば現在の一〇〇万円と将来の一〇〇万円はイコールではないということです。一つ例を考えてみましょう。

[設例] 現在一〇〇万円の投資をすると、一年後に確実に一〇二万円になる投資案件があったとします。現在の銀行金利が四%である場合、投資家はこの投資を行うでしょうか。

[回答] 当然投資家はこの投資は行いません。なぜなら銀行に預金すれば、金利が四%であるので、一年後には、一〇〇万円×(一+〇・〇四)=一〇四万円になって戻ってくるからです。投資家は預金により確実に得られる一〇四万円と投資のリターンである一〇二万円を比較することにより判断するのです。

このように、ファイナンスにおいて投資を考える場合は、必ず投資に対する収益を考え

投資家の考え

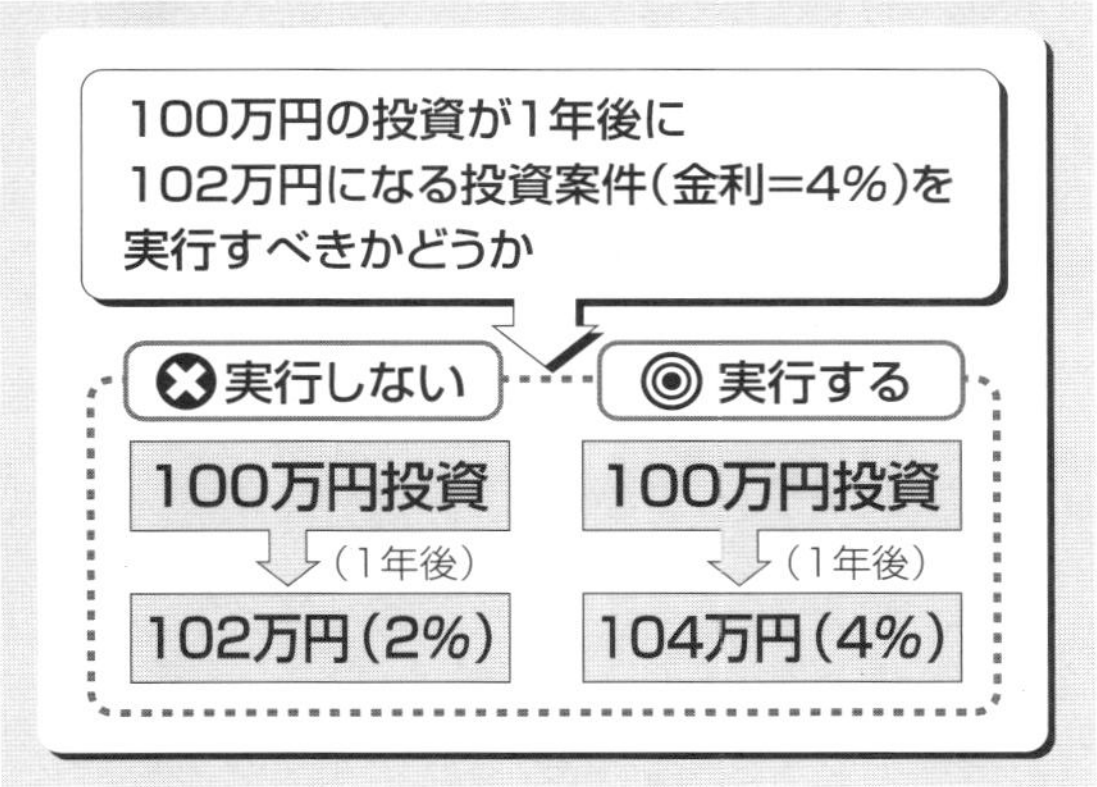

なければいけません。ファイナンスでは、投資家とは投資によってさらなる儲けを期待して、クールにお金を動かす人だといえます。したがって、自分の期待する収益が得られないと判断すれば、投資家にとって魅力のない投資となってしまい、さっさと資金をひきあげ、魅力のある投資のほうへ資金をシフトしてしまうでしょう。大事なことは、ここでいう「投資」とは、債券や株式といった金融投資に限らず、企業における設備資産の購入や事業への投資も「投資」であることです。この意味で、投資家は金融のプロだけを指すのではなく、企業で働く人全員が投資家の視点を持つ必要があります。

2-2 時間の価値

前項では、投資家にとって現在の一〇〇万円と将来の一〇〇万円は異なることを説明しました。前項の例を少し別の観点から見てみましょう。例では、現在の一〇〇万円が一年後に一〇二万円になる投資案件でした。では一年後一〇二万円をもらうためには、金利四％の下、いくら銀行に預ければよいかを考えてみます。計算式は以下のようになります。

一〇二万円／(一＋〇・〇四)

これを解くと、預け入れ額は、約九八・〇七万円となります。

銀行に現在九八・〇七万円預け入れると一年後に一〇二万円になるため、時間の価値を考慮すれば、現在の九八・〇七万円と一年後の一〇二万円は同じ価値を持つといえます。この場合、九八・〇七万円のことを一年後の一〇二万円の現在価値（Present Value：ＰＶ）といいます。また一〇二万円のことを、現在の九八・〇七万円の一年後の将来価値(Future Value

時間の価値

1年後102万円をもらうためには、
金利4%でいくら預ける必要があるか

（1＋0.04）x＝102万円
x＝102万円／1.04
≒98.07万円＝1年後の102万円の現在価値
(Present Value:PV)

102万円＝現在の98.07万円の1年後の将来価値
(Future Value:FV)

現在価値×（1＋割引率）＝将来価値
将来価値÷（1＋割引率）＝現在価値

：FV）といいます。また将来価値を現在の時点の換算価値である現在価値に戻すことを割引くといいます。そしてここで出てきた金利のように、将来価値と現在価値を換算するときに使う利率のことを割引率（Discount Rate）といいます。なお割引率については後で詳述します。

この現在価値、将来価値、割引率という用語はこれから頻繁に出てきますので、覚えておいてください。

最後にもう一度、現在価値、将来価値、割引率の関係を整理しておきましょう。

現在価値に（一＋割引率）を掛けると将来価値が求められます。また将来価値を（一＋割引率）で割ると現在価値が求められます。

2-3 単利と複利

今までの設例では、一年という単年度での投資について考えてきましたが、ここでは複数年にわたる投資を考えてみましょう。利回りを示すのには、二種類の方法あります。それは単利と複利です。複数年での投資を検討する場合は、毎年累積された額の利回りが検討されることになりますので、複数年にわたる投資や価値の計算にはこの複利を用いる必要があります。設例でこの二つの違いを明らかにしましょう。

[設例] 銀行の預金金利が五%のときに一〇〇万円を預け入れた場合、五年後にはいくらになって戻ってくるでしょうか。単利の場合と複利の場合の二つを考えてみてください。

[回答] 単利の場合は、単純です。一〇〇万円の五%が受取り利息として毎年もらえるので、一〇〇万円＋一〇〇万円×五%×五年＝一二五万円となります。

一方複利の場合は、利息が利息を呼びますので、以下のようになります。

単利と複利（利息の場合）

100万円を年率5%で運用するとき、
5年間の利息を見てみると

単利の場合		100万円×0.05×5年=**25万円**
複利の場合	1年後	100万円×0.05=5万円
	2年後	5×1.05=5.25万円
	3年後	5.25×1.05=5.51万円
	4年後	5.51×1.05=5.79万円
	5年後	5.79×1.05=6.08万円
	合計=5+5.25+5.51+5.79+6.08=**27.63万円**	

一年後：一〇〇万円×（一＋〇・〇五）＝一〇五万円
二年後：一〇五万円×（一＋〇・〇五）＝一一〇・二五万円
三年後：一一〇・二五万円×（一＋〇・〇五）＝一一五・七六二五万円
四年後：一一五・七六二五万円×（一＋〇・〇五）＝一二一・五五〇六二五万円
五年後：一二一・五五〇六二五万円×（一＋〇・〇五）＝一二七・六二八一五六二五万円、となります。

算式で示すと以下のとおりです。

単利　将来受取額＝預金額＋預金額×金利×年数
複利　将来受取額＝預金額×（一＋金利）^{年数}

2-4 投資の決定を将来価値、現在価値、収益率で考える①

先程、将来価値、現在価値、割引率の関係について説明しました。もう一度整理しておくと、**現在価値に（一十割引率）を掛けると将来価値が求められ、将来価値を（一十割引率）で割ると現在価値が求められます。**この割引率とは、今の段階では、投資家が期待する収益率だと考えてください。投資家は、期待する収益率を超える投資案件であれば投資し、期待収益率を下回る投資案件であれば投資をしません。それでは、投資家の投資の判断を将来価値、現在価値、収益率の三つで考えてみましょう。

［設例］ 現在二〇〇万円の投資を行うと、五年後に確実に二五〇万円になって戻ってくる投資案件があったとします。金利が四％の場合投資家は、この投資案件に投資するべきでしょうか、それともやめるべきでしょうか。

この判断を①将来価値による方法、②現在価値による方法、③収益率による方法で判断

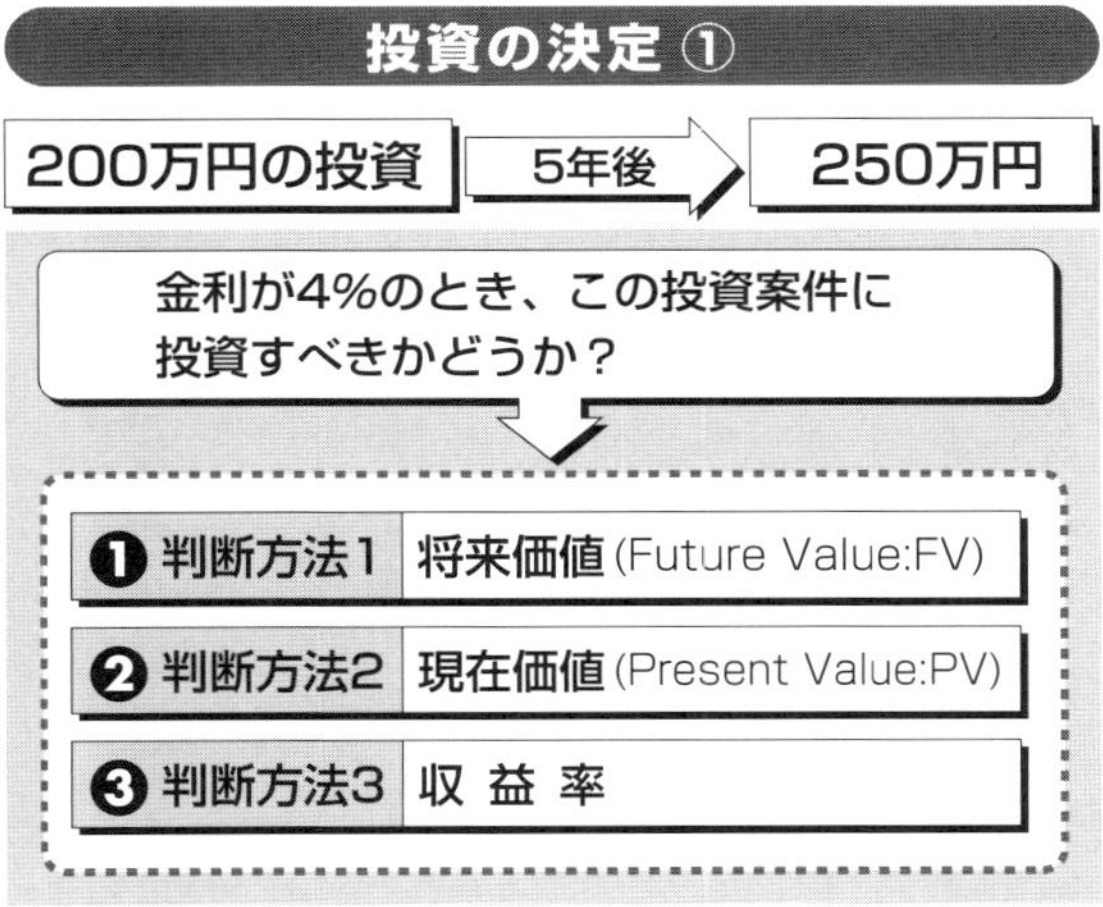

投資の決定 ①
200万円の投資
5年後
250万円
金利が4%のとき、この投資案件に投資すべきかどうか？
❶ 判断方法1
将来価値 (Future Value:FV)
❷ 判断方法2
現在価値 (Present Value:PV)
❸ 判断方法3
収 益 率

してください。

[回答]

①将来価値を使った投資判断

まず、将来価値により投資判断を行ってみましょう。二〇〇万円を銀行に預けた場合、五年後に受取ることができる金額は、二〇〇万円×(一+〇・〇四)^5=二四三万円となります。この金額は当該投資案件への投資によって得られる二五〇万円より少ないので、預金するのは割に合わなく、投資を行うべきという判断が下せることになります。したがって、将来価値による投資判断は、「**将来のキャッシュフロー>投資額の将来価値**」であれば投資を行うべきであるといえます。

2-5 投資の決定を将来価値、現在価値、収益率で考える②

②現在価値を使った投資判断

次に、金利四%を割引率として用いて五年後の将来価値である二五〇万円の現在価値を求めると、二五〇万円／(一＋〇・〇四)^{5}＝二〇五万円、となります。銀行に預ければ、五年後二五〇万円受取るためには、二〇五万円が必要となることを示しています。よって二〇〇万円の投資で二五〇万円を受取ることができるこの投資案件は、投資を行うべきという判断を下せます。したがって、現在価値による投資判断は、**「将来のキャッシュフローの現在価値＞投資額」**ならば投資を行うべきであるといえます。また将来のキャッシュフローの現在価値から投資額を引いた純額のことを正味現在価値（Net Present Value：ＮＰＶ）といいます。正味現在価値による投資判断は、**「将来のキャッシュフローの現在価値－投資額＞〇」**ならば、投資を行うべきだという判断を下すことができます。設例では、

投資の決定 ②

将来価値の場合

200万円×$(1+0.04)^5$＝243万円＜250万円であるから投資すべき

現在価値の場合

250万円／$(1+0.04)^5$＝205万円＞200万円であるから投資すべき

収益率の場合

200万円×$(1+r)^5$＝250万円、r＝4.6％＞4％であるから投資すべき

「二〇五万円－二〇〇万円＝五万円」となり、プラスとなるため、投資を実行すべきだといえます。

③収益率を使った投資判断

この投資の収益率をｒとして、算式に当てはめてみます。

二〇〇万円×$(1+r)^5$＝二五〇万円

これを解くと収益　率ｒは四・六％となります。この収益率は金利四％を上回るので、この投資案件は、投資するべきという判断が下せます。したがって収益率による投資判断は「収益率＞利子率」ならば投資を行うという判断が下せることになります。

2-6 割引率とは何か

今まで、割引率という言葉を使ってきました、割引率とは、将来価値と現在価値を換算するときに使う利率のことです。先程は、単純に銀行の利子率を使用してきましたが、ここでは少し厳密に割引率を考えてみたいと思います。

割引率とは、投資家から見れば期待収益率のことを意味し、また調達する企業から見れば調達コスト、すなわち資本コストのことを意味します。

投資家は、投資案件の投資収益率と投資家の期待する収益率とを比較することにより投資を判断します。先程の設例では、金利である四%が期待収益率で、投資案件がこの四%を上回っていたため、投資を実行すべきという判断を下すことができました。

一方、企業から見ればこれは調達コストということになります。資金を調達するには、コストがかかります。資金提供者が投資家であり、利回りを期待しているからです。例え

割引率

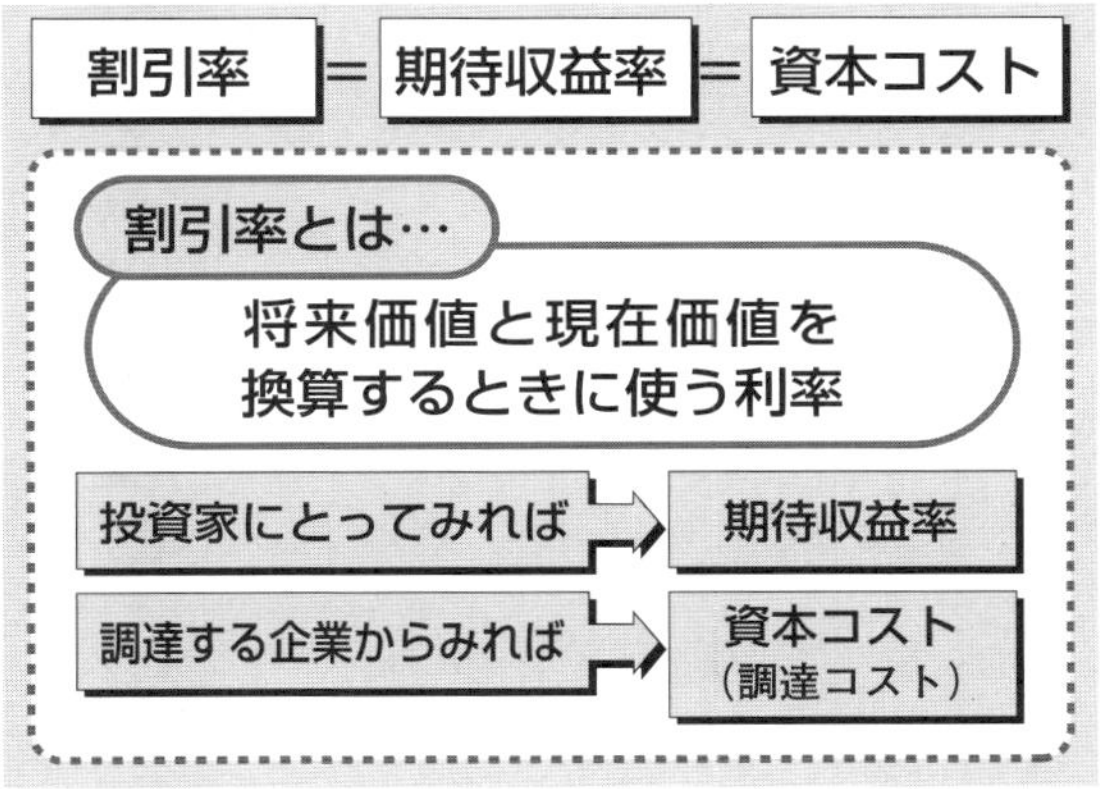
割引率
＝
期待収益率
＝
資本コスト
割引率とは…
将来価値と現在価値を換算するときに使う利率
投資家にとってみれば
期待収益率
調達する企業からみれば
資本コスト
（調達コスト）

ば、金融機関からの融資による調達では借入利子というコストが、株式による調達では配当というコストがかかります。企業は、当然この調達コストを上回る投資を行わなければなりません。この調達コストのことを資本コストといいますが、資本コスト率を上回る投資であれば、投資を実行すべきであると判断できます。したがって、「**割引率＝期待収益率＝資本コスト**」ということができます。しかし、すべての投資においてこの割引率が一定なわけではありません。それは投資によってリスクが違うからです。リスクと割引率の関係については後述します。ここまでで、一通り貨幣の時間的価値の説明が終わりました。

3. キャッシュフロー

3-1 キャッシュフロー①　～キャッシュフローと利益～

ファイナンス理論の重要な概念であるリターンを表すものとして、「キャッシュフロー」があります。キャッシュフローのキャッシュとは「現金」という意味ですが、ファイナンスにおけるキャッシュフローのキャッシュは目の前のお札（お金）をさして「キャッシュ」といっているのではありません。企業では、ほとんどの場合、資金上の決済その他は当座預金勘定で行われており、つまり企業は銀行経由で取引を行っているため、ファイナンスでいうキャッシュとは、現金及び預金のことを指します。

もう一つリターンを表すものとして日常的に親しまれているものとして会計上の「利益」があります。ここでは、会計上の「利益」と「キャッシュフロー」について説明します。

会計上の利益は、入金・出金の有無にかかわらず、商品を販売した時点、商品を仕入れた時点で売上や費用を認識します。そして売上などの収益と諸経費との差額が「利益」と

利益とキャッシュフロー

会計上の利益

入金・出金の有無にかかわらず、商品を販売した時点、商品を仕入れた時点で売上や費用を認識。そして売上などの収益と諸経費との差額が「利益」として計上

キャッシュフロー

売上金額としてのキャッシュの流入、あるいは、費用金額や設備購入金額としてのキャッシュの流出があった時点で、初めて認識。つまり、当座預金勘定の増減という事実に基づき認識

して計上されることになります。

一方、ファイナンス理論において使用するキャッシュフローは、会計上の利益とは異なり、売上金額としてのキャッシュの流入、あるいは、費用金額や設備購入金額としてのキャッシュの流出があった時点で、初めて認識されるものです。つまり、当座預金勘定の増減という事実に基づき認識されるということです。

どちらもリターンの尺度としては、重要なものですが、ファイナンスにおいてはキャッシュフローを重視します。

3-2 キャッシュフロー② ～キャッシュフローの流れ～

ファイナンスにおいては、リターンに関して会計上の利益額ではなく、キャッシュフローが使われます。キャッシュフローとは、簡単にいえば、資金の流れのことをいいます。企業の資金の流れは大きく分けると「調達」、「投資」、「回収」、「返済・分配」の四段階の流れがあります。

第一に、まず企業は事業活動を行うために、金融機関や株主などの投資家から資金を調達します。これはキャッシュの流入です。第二に、企業は事業などへ投資を行います。企業における投資にはいろいろなものが考えられます。建物、機械、土地などの不動産への投資、社債、株式の購入などの金融資産、営業活動における商品の仕入、子会社への投資、広告などの広告宣伝への投資、などリターンを生むための投資を行って、企業から資金が流出することになります。第三に、事業活動によって企業は投資した資金を回収します。

キャッシュフロー②

キャッシュフロー＝資金の流れ

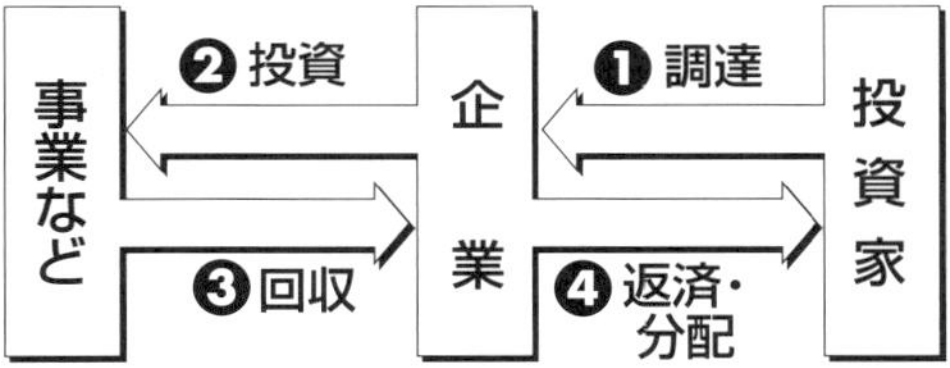

現金の流入＝キャッシュインフロー
現金の流出＝キャッシュアウトフロー
キャッシュインフロー－キャッシュアウトフロー＝ネットキャッシュフロー

それは売上による収入や株式売却などによりもたらされます。そして第四に、金融機関には金利を支払い、株主には配当を支払うなど返済・分配を行います。現金の流入のことをキャッシュインフローといい、現金の流出のことをキャッシュアウトフローといいます。そして、キャッシュインフローとキャッシュアウトフローを差し引いた純額のことを、ネットキャッシュフローといいます。ファイナンスにおいてキャッシュフローといえば、このネットキャッシュフロー（現金の流入と流出の差額）の意味で用います。

　次項では、ファイナンスにおいては、リターンに関してなぜ会計上の利益ではなくキャッシュフローを用いるのかを説明します。

3-3 なぜ利益ではなくキャッシュフローなのか①

企業経営とは、企業の価値を増大させることです。企業の価値を増大させるためには、利益を大きくするような意思決定をすればよいのでしょうか、それともキャッシュフローを大きくするような意思決定をすればよいのでしょうか。答えはキャッシュフローを増やすような意思決定をすることです。利益を増やすような意思決定を行うことが、企業価値を増大させないということではありませんが、企業価値を増大させない場合もあり、ファイナンスにおいては、キャッシュフローが用いられます。なぜでしょうか。それは利益よりもキャッシュフローのほうが主観性を排除できるからです。会計上の利益は操作できる余地が残されています。企業会計は、複数の認められた会計処理方法の中から、一つを選択し処理することが認められています。すなわち同じ経済活動をしていても、会計処理方法の違いにより、異なった利益額が算出されてしまう可能性があるのです。

なぜキャッシュフローなのか ①

	企業価値の増大	理　由
キャッシュフローを増やすような意思決定をする	企業価値を増大させる	キャッシュの移動という事実に基づいているため客観的である
利益を増やすような意思決定をする	企業価値を増大させない場合もある	複数の会計処理方法が認められているため、主観性が介入する余地がある

例えば、減価償却方法や棚卸資産・有価証券の評価方法には、複数の処理方法が認められています。減価償却を見てみましょう。減価償却方法には、定額法や定率法、加速度償却などがあります。定額法は投資金額を毎期均等額償却していくものです。また定率法は、未償却残高に一定の償却率を掛けることによって計算します。よって、定率法は投資した年度に近いほど、多く償却費が計上されます。加速度償却は、設備投資促進等の政策的観点から初年度の償却費の計上を多く認めるものです。このように会計処理方法の選択いかんによって利益額が増減しますので、利益は企業価値の実態を必ずしも正確に表していないともいえるのです。

3-4 なぜ利益ではなくキャッシュフローなのか②

［設例］A、B、Cという投資案があったとします。条件は以下のとおりです。これらのうち一つに投資をするとしたらどれを選択するべきでしょうか。なお、減価償却の処理方法について、A案では定額法、B案では定率法、C案では税法による即時償却（初年度に投資額の一括償却を行う方法）を採用しているとします。

A案：売上高一万、総費用七千（うち減価償却費三千、その他四千）、純利益三千

B案：売上高一万、総費用九千五百（うち減価償却費五千、その他四千五百）、純利益五百

C案：売上高一万、総費用一万五百（うち減価償却費七千、その他三千五百）、純利益△五百

利益で見るというまでもなくA案が最適投資案として決定されます。しかし答えは、C案となります。キャッシュフローで考えるとC案が一番多いことになります。キャッシュフローの厳密な算出の仕方は、後述しますが、簡単にいうと**「純利益と減価償却費の合計**

なぜキャッシュフローなのか②

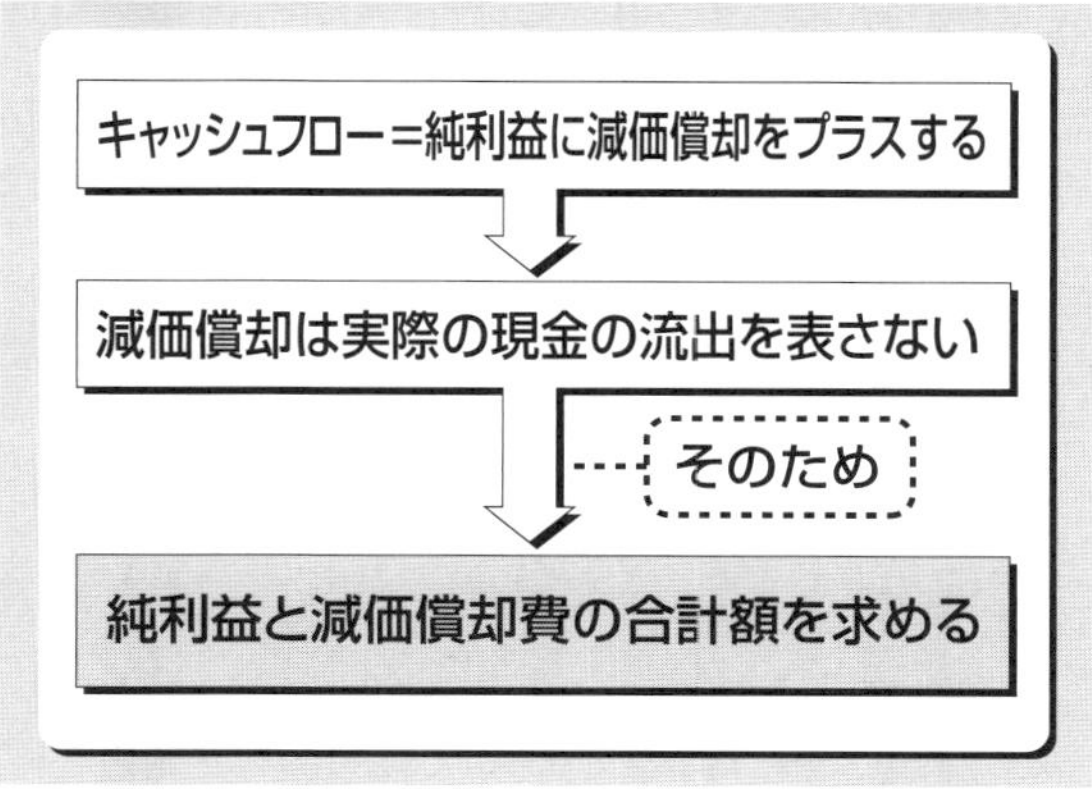
キャッシュフロー＝純利益に減価償却をプラスする
減価償却は実際の現金の流出を表さない
そのため
純利益と減価償却費の合計額を求める

額」だということができます。それぞれの投資案のキャッシュフローを算出してみましょう。

A案：純利益三、〇〇〇＋減価償却費三、〇〇〇＝六、〇〇〇

B案：純利益五〇〇＋減価償却費五、〇〇〇＝五、五〇〇

C案：純利益△五〇〇＋減価償却費七、〇〇〇＝六、五〇〇

また、キャッシュフローを採用する理由としては、投資がキャッシュで行われている以上、それに対する成果もキャッシュで行う必要があるという点も指摘できます。

3-5 キャッシュフローの定義①

先程キャッシュフローを算出するのに、純利益に現金支出を伴わない減価償却費を加えたものであると説明しました。ここでは、しっかりとファイナンスにおけるキャッシュフローを定義しておこうと思います。ファイナンスにおけるキャッシュフローとは、次のように計算されたネットキャッシュフローを使用します。

ネットキャッシュフロー＝事業が生み出すキャッシュフロー － 投資のキャッシュフロー

財務諸表から計算するには次の算式を用います。

営業利益×（1－法人税率）＋減価償却費－運転資本の変化－投資

この場合の運転資本の変化とは、貸借対照表の売上債権（売掛金、受取手形など）、棚卸資産などの流動資産と買入債務（買掛金、支払手形など）などの流動負債の差額の増減のことをいいます。例えば、売掛金の増加を考えてみましょう。会計上売上は、現金の流

キャッシュフローの定義 ①

キャッシュフロー計算書の場合	財務諸表から計算した場合
ネットキャッシュフロー	営業利益
＝	×
事業が生み出すキャッシュフロー	（1－法人税率）
－	＋
投資のキャッシュフロー	減価償却費
	－
	運転資本の変化
	－
	投　資

入にかかわらず、販売した時点で計上され、未収入代金は売掛金として処理されます。売上が計上され利益には反映されていますが、キャッシュは増加していないので、利益からキャッシュフローを算出する際は、売掛金が増えた分を利益から減額しなければなりません。買掛金はその逆で、商品仕入高という費用になっていますが、キャッシュは流出していないため、その増加分は利益に増額します。これが運転資本の変化です。また、設備投資額は、機械や土地などの投資を指しますが、これらは会計上資産として処理され利益には影響していません。しかしキャッシュは流出しているため、利益からキャッシュフローを算出する際は、この分を減額します。

3-6 キャッシュフローの定義②

前述のとおり、財務諸表からキャッシュフロー（ＣＦ）を算出するための計算式は、「営業利益×（１－法人税率）＋減価償却費－運転資本の変化－投資」となります。

この算式で、なぜ利益の金額に営業利益を使うのでしょう。これは支払利息を反映する前段階の利益を使用するためです。それではなぜ支払利息を反映させてはいけないのでしょうか。それは、支払利息が資本コストであるからです。支払利息は、割引率を用いた現在価値換算の箇所ですでに反映されています。また、前記の算式で算出されるキャッシュフローは、借入金での調達、借入金の返済、支払利息、配当金の分配といったキャッシュの流出入を含みません。これはこれら財務的なＣＦを含めても含めなくても結果は同じになるからです。簡単な例で見てみましょう。一〇、〇〇〇円を調達し、その全額を投資し、一年後に一一、〇〇〇円を投資により回収したとします。そしてその調達は、利率五％

キャッシュフローの定義②

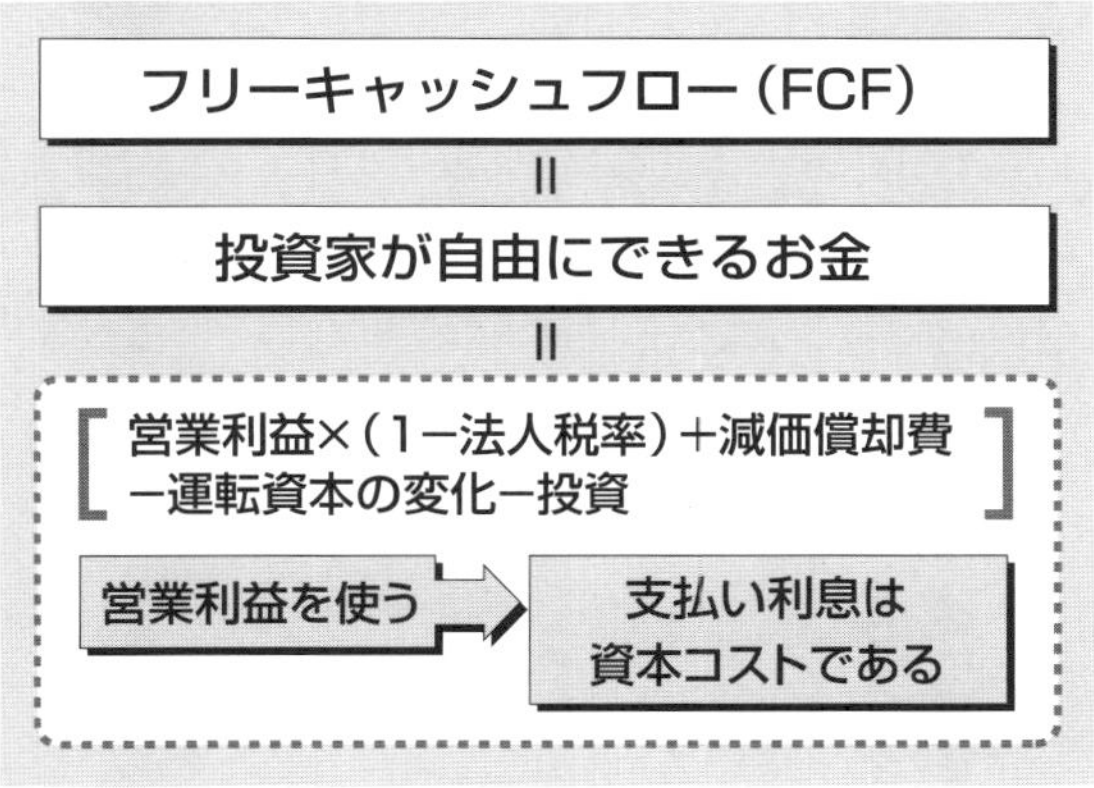
フリーキャッシュフロー（FCF）
＝
投資家が自由にできるお金
＝
［営業利益×（1－法人税率）＋減価償却費
－運転資本の変化－投資］
営業利益を使う
支払い利息は
資本コストである

の借入金ですべて賄われているとします。その場合の正味現在価値（ＮＰＶ）を出してみましょう。

将来キャッシュフローの現在価値一二、〇〇〇円／（一＋〇・〇五）－投資額一〇、〇〇〇円＝一、四二八円

それでは、金利支払分を含んで計算してみましょう。調達一〇、〇〇〇円－投資額一〇、〇〇〇円＋（回収額一二、〇〇〇円－借入返済額一〇、〇〇〇円－支払利息五〇〇円）／（一＋〇・〇五）＝一、四二八

このように結果は同じになります。このような算式で計算されるキャッシュフローのことを、投資家が自由にできるという意味でフリーキャッシュフロー（ＦＣＦ）といいます。

3-7 キャッシュフロー算定の演習

知識を整理するために問題演習をひとつしてみましょう。

[設例] 新規事業部長であるあなたは、以下のような投資案件に投資するべきかどうかの判断を下さなければなりません。正味現在価値法（NPV）により、投資判断をしてください。なお、割引率は五％、法人税率は五〇％とします。

〇年度：投資額八〇、〇〇〇千円

一年度：売上八〇、〇〇〇千円、支払利息五、〇〇〇千円、減価償却費一〇、〇〇〇千円、その他費用三〇、〇〇〇千円、運転資本需要の増加八、〇〇〇千円

二年度：売上一五〇、〇〇〇千円、支払利息四、〇〇〇千円、減価償却費一〇、〇〇〇千円、その他費用四〇、〇〇〇千円、運転資本需要の増加△八、〇〇〇千円

[回答]

キャッシュフロー算定の演習

投資額8千万円、割引率5%、法人率50%

正味現在価値

＝将来のキャッシュフローの現在価値－投資額

＝22,000千円／(1＋0.05)＋68,000千円／(1＋0.05)^{2}－80,000千円

＝2,630千円

∴正味現在価値＞0　であるので、投資すべき

一年度キャッシュフロー：（売上八〇、〇〇〇千円－その他費用三〇、〇〇〇千円－減価償却費一〇、〇〇〇千円）×（一－法人税率五〇％）＋償却費一〇、〇〇〇千円－運転資本需要の増加八、〇〇〇千円＝二二、〇〇〇千円

二年度キャッシュフロー：（売上一五〇、〇〇〇千円－その他費用四〇、〇〇〇千円－減価償却費一〇、〇〇〇千円）×（一－法人税率五〇％）＋償却費一〇、〇〇〇千円－運転資本需要の増加△八、〇〇〇千円＝六八、〇〇〇千円

正味現在価値＝二二、〇〇〇千円／（一＋〇・〇五）＋六八、〇〇〇千円／（一＋〇・〇五）^{2}－八〇、〇〇〇千円＝二、六三〇千円

∴正味現在価値＞〇であるため、投資を行うべきである。

3-8 永続価値

前項の投資案件の評価は、投資期間が二年で設定されていました。しかしこのようなケースは稀で、企業は継続企業を前提としており、実際にはもっと長期にわたりキャッシュフローが継続して発生する場合のほうが多いものです。キャッシュフローを考える上で、もう一つ大事な概念は、永続価値という概念です。投資の評価を行うとき、将来のキャッシュフローを予測しますが、永遠に予測していたのでは、実務的に大変非効率です。したがって実務的には、一〇年（または五年）を予想し、その後は永続的にキャッシュフローが継続するとして、将来キャッシュフローを算出するのが一般的です。例えば、金利が五%のとき、一〇〇万円のキャッシュフローが永続する場合を考えてみます。

一年後の一〇〇万円の現在価値＝一〇〇／（一＋〇・〇五）≒九五・二万円
二年後の一〇〇万円の現在価値＝一〇〇／（一＋〇・〇五）^{2}≒九〇・七万円

永続価値

永続価値

永続的に継続する将来のキャッシュフローから導き出した現在価値

⇩

10年（または5年）を予測し、その後予測にて将来CFを算出

将来のキャッシュフローの現在価値は、年々縮小し、最後には限りなくゼロに。

永続価値 PV=CF／r

以後永遠に続く

時間の価値を考慮すると、将来のキャッシュフローの現在価値は年々小さくなります。そして最終的には限りなくゼロに近づきます。永続価値の式は以下のとおりになります。

PVを将来キャッシュフローの現在価値の総和、CFをキャッシュフロー、rを割引率とすると、$PV=\frac{CF}{1+r}+\frac{CF}{(1+r)^2}+\frac{CF}{(1+r)^3}+\cdots\frac{CF}{(1+r)^{\infty}}$ となります。

この式の両辺に（1＋r）を乗じ、展開すると、PV＝CF／rとなり、これが永続価値の定義式となります。設例の場合、PV＝$\frac{100万円}{0.05}$ となり、二、〇〇〇万円が永続価値となります。

3-9 成長永続価値

前述の永続価値の応用としてよく使われる成長永続価値というものがあります。永続価値が年金のように毎年一定のキャッシュフローが受取れるものであるのに対し、成長永続価値は、キャッシュフローが毎年一定の割合で成長していくものです。事業投資の採算性を評価する際の予測キャッシュフローでも、一〇年間のキャッシュフローをまず予測し、以後一定の成長率の割合でキャッシュフローが伸びていくと仮定して、将来キャッシュフローを算出する場合も多くあります。この場合、将来のキャッシュフローの現在価値の総和を求める計算式は左のようになります。

gをキャッシュフローの成長率、rを割引率とすると、

$$PV=\frac{CF}{1+r}+\frac{CF(1+g)}{(1+r)^2}+\frac{CF(1+g)^2}{(1+r)^3}+\frac{CF(1+g)^3}{(1+r)^4}\cdots$$

成長永続価値と永続価値

永続価値

年金のように毎年一定のキャッシュフローが永続的に受取れるものの現在価値

成長永続価値

キャッシュフローが毎年一定の割合で成長する場合の将来キャッシュフローの現在価値

現在価値PV
＝キャッシュフロー／割引率－キャッシュフローの成長率
＝100万円／（0.06－0.02）
＝2,500万円

両辺に（一＋r）／（一＋g）を乗じて展開すると、$PV=\frac{CF}{r-g}$となり、これが成長永続価値の定義式となります。

例えば、金利が六％のとき、投資家の受取るキャッシュフローが初年度一〇〇万円で、以後二％ずつ増えて、永続的に受取れる場合のキャッシュフローの現在価値を考えてみましょう。

現在価値（PV）＝一〇〇万円／（割引率〇・〇六－成長率〇・〇二）＝二、五〇〇万円

ただ、この式が成り立つ前提として、キャッシュフローの成長率gが割引率rよりも小さいことが条件となります。

4．リスク

4-1 リスクとは何か①

リスクとは、「危険」と訳すことができます。しかしファイナンスにおいては、「不確実性」（収益の変動性）という意味で使われます。

営利を目的とし、利害関係者のために企業価値を高めなければいけない義務を負っている企業というものが、投資というキャッシュの流出を行う限り、必ずそのキャッシュの流出分を上回るリターンを要求します。もっと正確にいうならば、資本コスト（調達コスト）で割引いたキャッシュフローの現在価値が投資額を上回っていなければなりません。

投資には、預貯金や株式投資などの金融資産への投資もあれば、設備の購入や事業への投資といった実物資産への投資もあります。これらの投資は、リスクすなわち確実性（収益の変動性）はばらばらです。

国債への投資は元本が保証されており、また国が破綻することは極めて可能性が低いと

投資とは

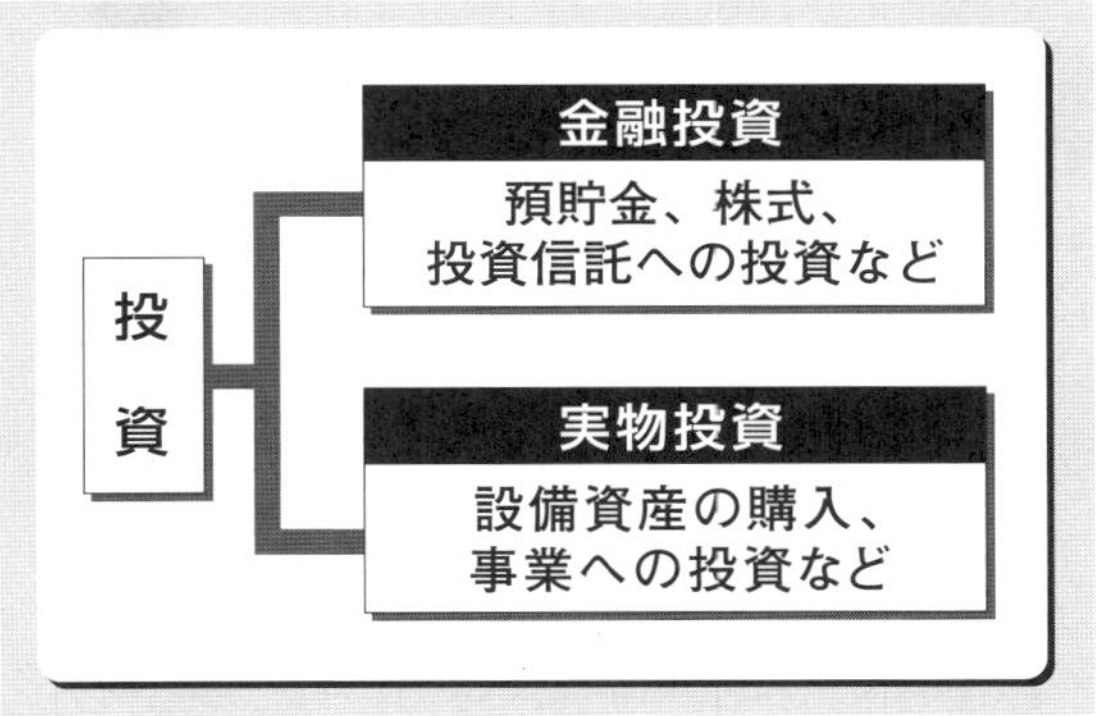

考えられるため、どの投資よりも不確実性が低い（収益の変動性が小さい）といえます。

また株式への投資は、元本保証がなく、企業が倒産すれば株式自体はただの紙切れになってしまうので、国債と比べると不確実性が高い（収益の変動性がある）といえます。

一般的に、不確実性が低い（収益の変動性が小さい）投資は、リターンも低く（ローリスク・ローリターンという）、不確実性が高い（収益の変動性がある）投資は、リターンも高く（ハイリスク・ハイリターンという）あるべきであるといえます。ファイナンスにおいて、リスクの概念は非常に重要であり、本章では、その基礎的概念を説明します。

4-2 リスクとは何か②

今まで、割引率という言葉を何回も使ってきました。これは投資家が期待している収益率のことであり、裏返せば、資金を調達する企業の調達コスト（資本コスト）でもあります。よって、「**割引率＝期待収益率＝資本コスト**」ということができます。

今までは問題を単純化するために、割引率に金利を便宜的に使っていました。しかし、投資家の期待収益率は、投資案件によって異なります。例えば、銀行預金金利が、三％であったとします。もう一つの投資案件として、ベンチャー企業の株式投資があったとします。手元にある一〇〇万円を投資する場合、あなたはどちらに投資をしますか。といわれても、これだけの条件では判断できないはずです。なぜならベンチャー株への投資に関する予想収益率が表示されていないからです。もし、ベンチャー株の利回りが三％であったらどうでしょうか。あなたが賢い投資家であれば、銀行へ預けることを選択するでしょう。

リスクとは何か②

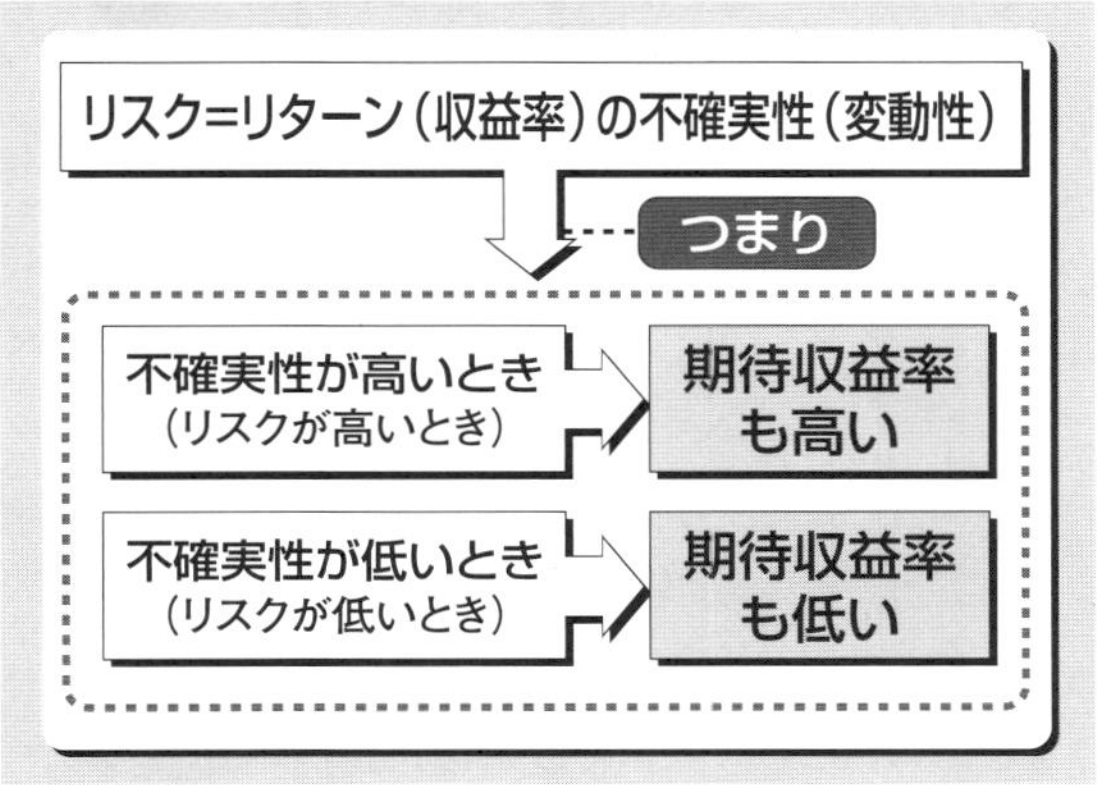
リスク=リターン（収益率）の不確実性（変動性）
つまり
不確実性が高いとき
（リスクが高いとき）
期待収益率
も高い
不確実性が低いとき
（リスクが低いとき）
期待収益率
も低い

元本保証がなく、もし倒産すれば紙切れになってしまう株式とそれに比べ安全な銀行預金とが同じ利回りであれば、だれも株には投資しないでしょう。投資額の何倍、何十倍ものリターンを期待するためにリスクの高いベンチャー株への投資が行われるといえます。

リスクとリターンは正比例の関係にあるといえます。つまり、リスクが低い投資はリターンも低く、リスクが高い投資はリターンも高くなければなりません。

もう一度リスクを定義するとファイナンスにおけるリスクとは、「リターンの不確実性（変動性）」のことです。このリターンの不確実性がどの程度かによって、投資家の期待収益率が決まるということです。

4-3 ポートフォリオ①

賢い投資家はリスクの低減を図ろうとします。リスクの低減を図る方法としては、資産を一種類だけ保有するのではなく、いくつかの資産を組み合わせて保有することがあげられます。分散投資という言葉を聞いたことのある人も多いと思いますが、それのことです。

では事例で、ポートフォリオによるリスク分散を見てみましょう。

［設例］A社は、エアコン製造事業だけを行っている会社です。エアコンの製造は、その年の気温に大きく左右される事業です。今年のA社のエアコン事業の予測データは以下のとおりです。なおこのデータは、信頼できるものとします。

猛暑の場合　　　　　：キャッシュフロー　一、〇〇〇、確率六〇％
平年並みの気温の場合：キャッシュフロー　五〇〇、確率三〇％
冷夏の場合　　　　　：キャッシュフロー　△四〇〇、確率一〇％

ポートフォリオ①

資産を一種類だけ保有

↓

リスクが高い

対策

いくつかの資産を組み合わせて保有すること（分散投資）

これを「ポートフォリオを組む」という

そして、A社はエアコン製造技術を活用して、新たに空気清浄機事業を始めようとしています。空気清浄機事業の信頼できる予測データは以下のとおりです。

猛暑の場合：

キャッシュフロー　五〇〇、確率六〇％

平年並みの気温の場合：

キャッシュフロー　三〇〇、確率三〇％

冷夏の場合：

キャッシュフロー　二〇〇、確率一〇％

空気清浄機事業は、エアコン事業に比べ、リターンのばらつきが小さいことがわかります。次項で、この設例を使って、事業という実物資産を組み合わせることによってリスクの低減が図れることを見ていきます。

4-4 ポートフォリオ②

まず既存事業であるエアコン事業におけるリターンを見てみましょう。条件の変化によってリターンに変動がある場合、リターンへの期待値を計算します。これは、それぞれのパターンにおけるリターンを生起確率で加重平均したものとなります。

エアコン事業のリターンの期待値は次のようになります。

リターンの期待値＝一、〇〇〇×六〇％＋五〇〇×三〇％＋△四〇〇×一〇％＝七一〇

また、新規事業である空気清浄機事業についてもリターンを考えます。

空気清浄機事業のリターンの期待値は次のようになります。

リターンの期待値＝五〇〇×六〇％＋三〇〇×三〇％＋二〇〇×一〇％＝四一〇

リターンの期待値は、エアコン事業のほうが大きいことが分かります。

それでは、次にエアコン事業と空気清浄機事業のリスクを見ていくことにしましょう。

ポートフォリオ②

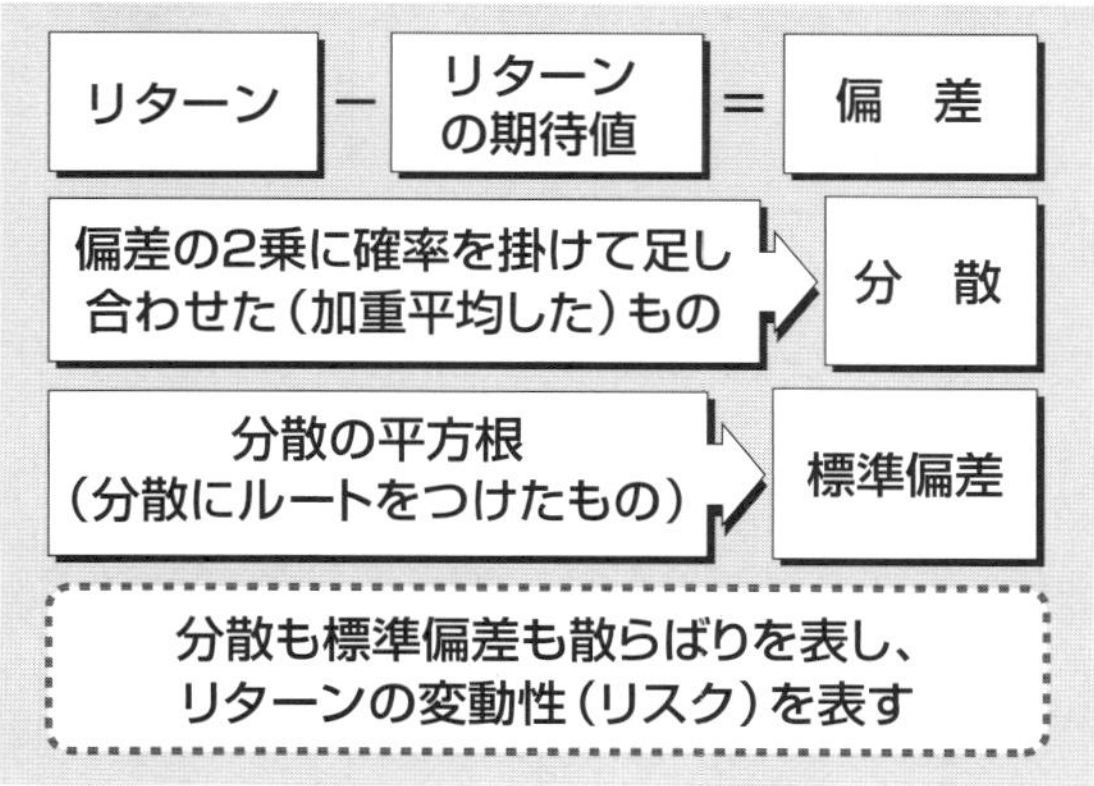
リターン
－
リターンの期待値
＝
偏差
偏差の2乗に確率を掛けて足し合わせた（加重平均した）もの
分散
分散の平方根（分散にルートをつけたもの）
標準偏差
分散も標準偏差も散らばりを表し、リターンの変動性（リスク）を表す

リスクは、リターンの変動性のことですので、どのくらいの変動があるかを見るために、統計学の分散を使って見ていきます。

分散は、三パターンそれぞれのリターンとリターンの期待値を差し引いて差額である偏差を算出し、その偏差を二乗して、加重平均を行ったものです。そしてその値は、期待値からどれだけ離れているかという散らばり具合を表しているため、リスクを表しているといえます。

また、分散にルートをつけたもの（分散の平方根）を標準偏差といいます。計算が容易なのは分散で、目で確かめやすいのが標準偏差になります。次項では、分散を使って実際にリスクの程度を見ていきます。

4-5 ポートフォリオ③

それでは、前項で説明した分散を用いてリスクの計算をしてみましょう。
まず、エアコン事業のリスクを計算してみます。エアコン事業のリターンの期待値は、前項で計算したとおり、七一〇となり、分散の計算でこれを使用します。

猛暑：リターン一、〇〇〇、リターンの期待値七一〇、偏差二九〇、偏差の二乗八四、一〇〇
通常：リターン五〇〇、リターンの期待値七一〇、偏差△二一〇、偏差の二乗四四、一〇〇
冷夏：リターン△四〇〇、リターンの期待値七一〇、偏差△一、一一〇、偏差の二乗一、二三二、一〇〇
∴分散＝偏差の二乗八四、一〇〇×確率六〇＋偏差の二乗四四、一〇〇×確率三〇％＋一、二三二、一〇〇×確率一〇％＝一八六、九〇〇

では、次に新規事業である空気清浄機事業のリスクについて見てみましょう。

ポートフォリオ③

A社事業のポートフォリオ

エアコン事業だけの場合のリスク（不確実性）	高い（分散値が高い）
空気清浄機事業のリスク（不確実性）	低い（分散値が低い）

↓

分散投資（エアコン事業に加え空気清浄機事業も行うこと）で、リスクを低減

空気清浄機事業のリターンの期待値は、前項で計算したとおり、四一〇となり、分散の計算でこれを使用します。

猛暑：リターン五〇〇、リターンの期待値四一〇、偏差九〇、偏差の二乗八、一〇〇

通常：リターン三〇〇、リターンの期待値四一〇、偏差△一一〇、偏差の二乗一二、一〇〇

冷夏：リターン二〇〇、リターンの期待値四一〇、偏差△二一〇、偏差の二乗四四、一〇〇

∴分散＝偏差の二乗八、一〇〇×確率六〇％＋偏差の二乗一二、一〇〇×確率三〇％＋偏差の二乗四四、一〇〇×確率一〇％＝一二、九〇〇

　このように、エアコン事業と空気清浄機事業では分散の値に開きができます。

4-6 ポートフォリオ④

分散の値が大きいほどリターンのばらつきがあるといえます。したがってエアコン事業のほうがリスクが高いといえます。そのかわりリターンの期待値もエアコン事業のほうが高くなっています。

それでは、新規事業として空気清浄機事業を組み込んだときのリスクを見てみましょう。組み込む程度が問題ですが、ここではエアコン事業五〇％、空気清浄機事業五〇％というポートフォリオで考えてみます。

猛暑：確率六〇％、エアコン事業CF一、〇〇〇、空気清浄機事業CF五〇〇、
ポートフォリオのCF一、〇〇〇×五〇％＋五〇〇×五〇％＝七五〇
通常：確率三〇％、エアコン事業CF五〇〇、空気清浄機事業CF三〇〇、
ポートフォリオのCF五〇〇×五〇％＋三〇〇×五〇％＝四〇〇

ポートフォリオ④

ポートフォリオによる事業全体のリターン期待値

猛暑のとき、通常、冷夏が起こる確率とそれぞれのリターンの期待値を設定

↓

それぞれの事業のリターンと条件(その確率)をかけ合わせて加重平均を出す

冷夏：確率一〇％、エアコン事業CF△四〇〇、空気清浄機事業CF二〇〇、

ポートフォリオのCF△四〇〇×五〇％＋二〇〇×五〇％＝△一〇〇

そして、ポートフォリオを組んだ場合のリターン期待値は、以下のとおりになります。

リターンの期待値＝七五〇×六〇％＋四〇〇×三〇％＋△一〇〇×一〇％＝五六〇

では次項において、いよいよポートフォリオを組んだ場合のリスクを計算してみましょう。

4-7 ポートフォリオ⑤

いよいよ最終段階です。ポートフォリオを組んだ場合のリスクを計算します。

猛暑：リターン七五〇、リターンの期待値五六〇、偏差一九〇、偏差の二乗三六、一〇〇
通常：リターン四〇〇、リターンの期待値五六〇、偏差△一六〇、偏差の二乗二五、六〇〇
冷夏：リターン△一〇〇、リターンの期待値五六〇、偏差△六六〇、偏差の二乗四三五、六〇〇
分散＝三六、一〇〇×六〇％＋二五、六〇〇×三〇％＋四三五、六〇〇×一〇％＝七二、九〇〇

全部出揃ったところで、エアコン事業、空気清浄機事業、ポートフォリオという三つを比較してみましょう。

エアコン事業：分散一八六、九〇〇　空気清浄機事業：分散二二、九〇〇　ポートフォリオ：分散七二、九〇〇

空気清浄機事業を組み込むことによって、リターンの変動性を示す分散の値が小さくな

ポートフォリオ⑤

ポートフォリオのリスク

エアコン事業
リターンの期待値（高） — リスク高い（分散値が大きい）

空気清浄機事業
リターンの期待値（小） — リスク低い（分散値が小さい）

両者を掛け合わせた場合（両方の事業を実施する場合）
リターンの期待値（中） — リスク中間（分散値が2事業の中間に）

り、リスクが軽減されています。通常リターンとリスクは正比例の関係になるため、ポートフォリオを組むときには、リスクの高い事業（リターンの期待値も高い事業）とリスクの低い事業（リターンの期待値も低い事業）を組み合わせます。しかしリターンをできる限り減らすことなく、リスクを減らすためには、一方のリターンが悪くなるときにもう一方のリターンがよくなるような補完関係のある資産を組み込むことも可能です。例えば、冷夏の際リターンが大きくなり、猛暑の際小さくなる事業を組み込むことができれば、リスクを削減し、さらに一年中安定した収益の見込めるバランスのよいポートフォリオを構築することができるといえます。

4-8 二種類のリスク

今までで、ポートフォリオを組むことによって、リスクの軽減が図れることを述べてきました。しかし実際にはリスクの軽減が図れない場合もあります。

リスクには、二種類のリスクがあります。それは個別リスクと市場リスクというものです。結論をいうと、「個別リスクは分散投資を行うことによってリスク（リターンのばらつき）を軽減させることができますが、市場リスクは分散投資を行ってもリスクを軽減することはできない」ということになります。

個別リスクとは、市場の動きとは関係なく、企業や業界の個別の要因によって引き起こされるリターンの変動のことをいいます。例えば、新たな技術の開発に成功したとか、リスク管理の不備により食中毒が発生し利益が大幅に減少したなどです。

一方、市場リスクとは、市場の動きと連動して発生するリターンの変動のことをいいま

2種類のリスク

リスクとは?	リターンの変動の大きさ
❶ 個別リスク	個別の企業や事業が持つリターンの変動性
❷ 市場リスク	市場全体が持つ全業界のリターンの変動性

す。これは経済全体に影響を与えている景気、金利、税制改革、公共投資、為替変動などの変化によって引き起こされます。したがって、分散投資を行っても、リスクを除去することはできないといえます。

例えば、ある食品会社の株式に投資しているとしましょう。その株式のリスクは、二種類のリスクが考えられます。品質管理に問題があり、すべての製品を回収しなければならない場合、その企業の株価が急落することが考えられます。これが個別リスクです。また円高という市場要因によって、海外からのライバル品の輸入が増え国内産食品を取り扱う食品会社や酒造会社の株価が下がることが考えられます。これが市場リスクです。

4-9 ベータ（β）

ところで、市場リスクはどのように表されるでしょうか。リスク指標のベータ（β）は、市場の変動に対する株価の感応度のことをいいます。すなわち個別株式（あるいはポートフォリオ）が証券市場全体の動きに対してどの程度敏感に反応して変動するかを示す数値で、現代ポートフォリオ理論で用いられます。

β＝個別株式の変動／株式市場全体の変動

会社の株価と市場全体の株価の動きとの相関関係がある前述のベータ値（β）は、企業ごとに過去の株価と市場の動きのトレンドから統計的に算出され、一般に直近五年間のデータが用いられます。

株式市場全体のβは一になります。そしてリターンの変動が大きいほどβは大きくなります。

市場リスクの指標：ベータ（β）

$\beta > 1$	市場の動きより大きい
$0 < \beta < 1$	市場の動きより小さい
$\beta < 0$（マイナス）	市場と反対の動き

例えば、ある銘柄のβ値が一・五ということは、市場全体が一〇％上昇するとその銘柄は一五％上昇し、逆に市場全体が一〇％下落するとその銘柄は一五％下落することを意味します。株価が市場全体と全く同じ動きをすればβは一となります。また一般的に、ＩＴ産業など業績の変動が激しい業種ではβは一を超え、株価の動きも安定している電力など安定業種では一未満になります。

したがって、βは市場全体が上昇すると判断する場合は、β値の高い銘柄に投資したり、ポートフォリオ全体のβ値を「一」として市場全体と連動させるなどの運用を行う際の銘柄選択に用いられます。

5. 資本コスト

5-1 なぜ資本コストなのか

資本コストとは、資金提供者が要求する必要最低限の利回り（期待収益率）のことです。裏返して資金の運用者である企業側から見れば、それは資金の調達コストのことであり、必ず達成しなければならない収益率であるといえます。この資金調達コストのことを資本コストといいます。

企業はこの資本コストを上回るリターンを稼ぎ出さなければなりません。なぜならそうでなければ、企業価値がまったく高まらないからです。

例えば、資金提供者が投資額に対して一〇％のリターンを期待していたとします。企業は調達した資金を投資し一〇％を超える利回りを達成しなければなりません。仮に九％しか達成することができなければ、経営陣は失格の烙印を押されてしまいます。また一〇％しか稼ぎ出すことができなければ、資金提供者に一〇％のリターンを支払ったら、企業に

資本コスト＝資金提供者の期待する収益率

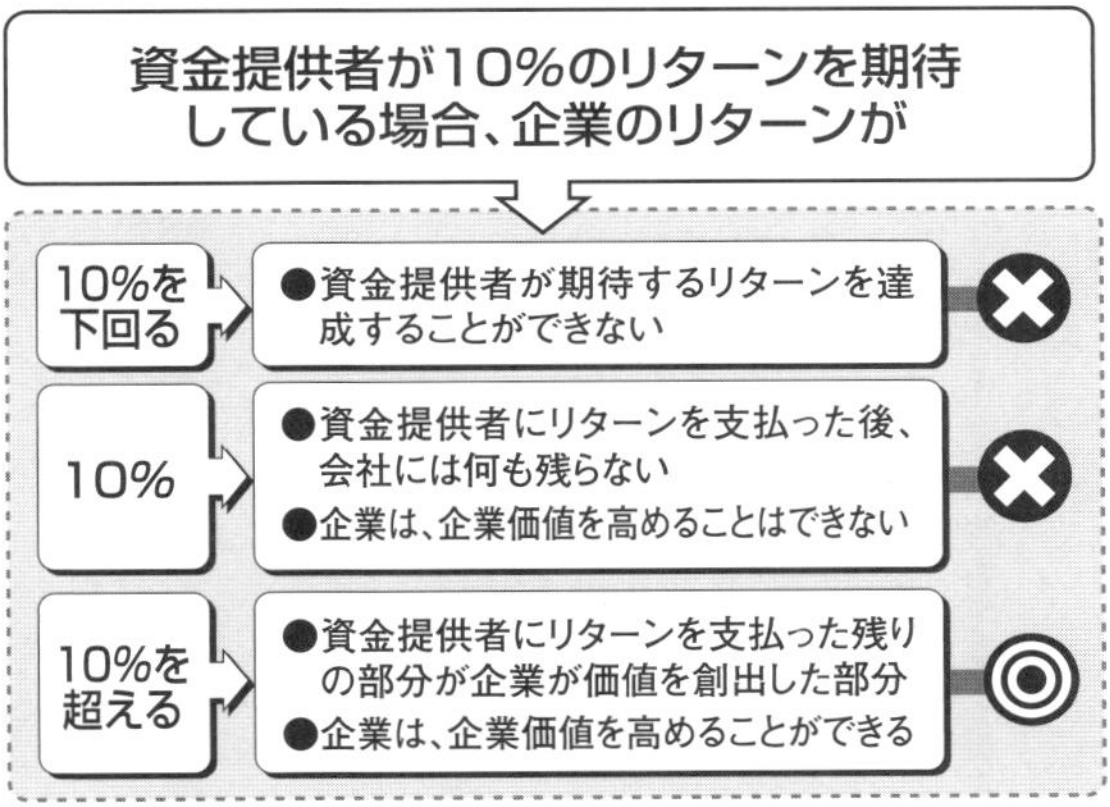
資金提供者が10%のリターンを期待
している場合、企業のリターンが
10%を下回る
●資金提供者が期待するリターンを達成することができない
10%
●資金提供者にリターンを支払った後、会社には何も残らない
●企業は、企業価値を高めることはできない
10%を超える
●資金提供者にリターンを支払った残りの部分が企業が価値を創出した部分
●企業は、企業価値を高めることができる

は何も残らない、すなわち企業には何の価値も創出されていないことになります。

このように、資本コストというのは、企業が投資を行うか、またはやめるかの選択をする際のバロメーターとなります。この章では、重要な概念である資本コストについて説明をしていきます。

この章が、第1部「基礎編」の最後の章となります。第1章から第4章までをもう一度復習して本章に望みましょう。次章からはいよいよ活用編であり、基礎編が理解できていないと理解に苦しむことになります。

5-2 資本コストとは①

将来におけるキャッシュフローの現在価値（ディスカウントキャッシュフロー：DCF）は、投資の決定や企業価値を算定する際、非常に重要な概念です。そして将来のキャッシュフローを現在価値に戻すために割引率を使用します。さらにその割引率は、債権者や株主などの投資家が期待する収益率のことであり、裏返せばその投資を受け入れる企業側の調達コストすなわち資本コストであるということができます。投資家から投資を受入れ、資金を提供された企業は、その受入れ資金を投資（投資は預金、株式などの金融資産に対する投資と設備資産の購入や事業そのものに投資するという実物資産に対する投資があります）します。そして企業は投資から資金を回収することによって投資家が要求するリターン水準を満たす義務を負っています。企業は投資の判断を行う際、投資家が期待している収益率を上回ることができるかを常に考えなければなりません。よって、以下の算式が

資本コストとは①

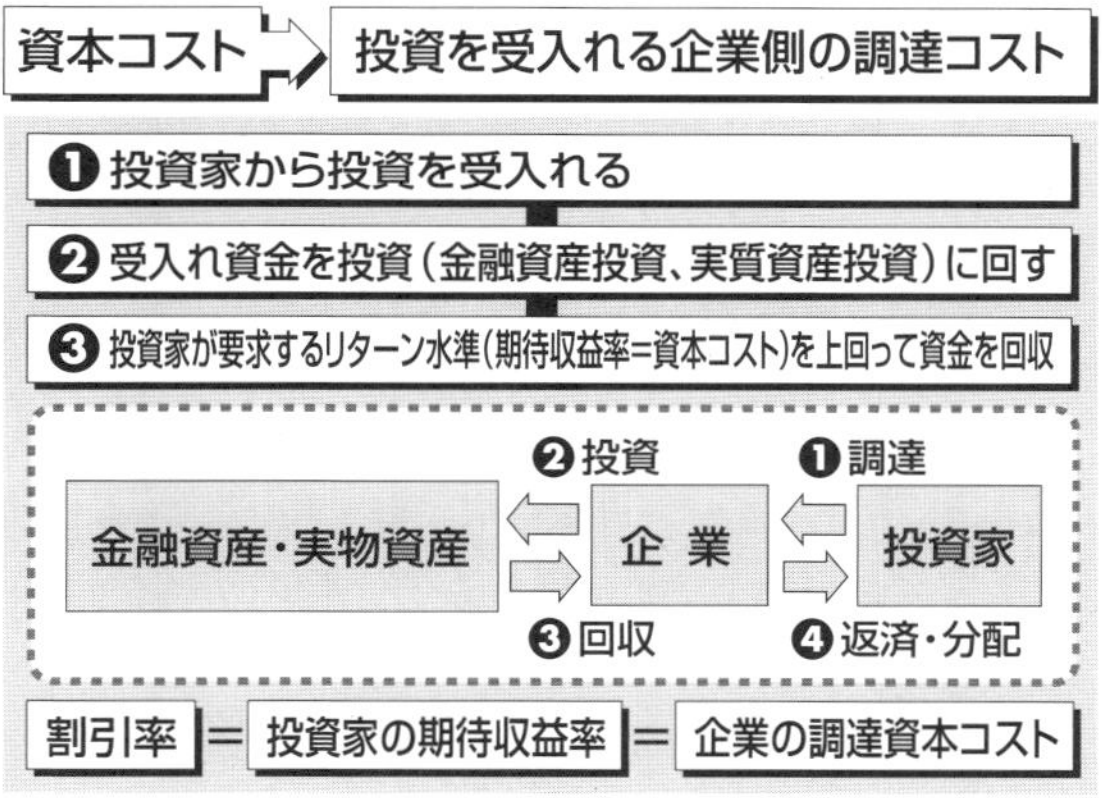
資本コスト
投資を受入れる企業側の調達コスト
❶ 投資家から投資を受入れる
❷ 受入れ資金を投資（金融資産投資、実質資産投資）に回す
❸ 投資家が要求するリターン水準（期待収益率＝資本コスト）を上回って資金を回収
❷投資
❶調達
金融資産・実物資産
企 業
投資家
❸回収
❹返済・分配
割引率
＝
投資家の期待収益率
＝
企業の調達資本コスト

成り立つといえます。

割引率＝投資家の期待収益率＝企業の調達資本コスト

ここでは、資本コストをどのように計算するかを学習します。この資本コストが計算できなければ、予測した将来キャッシュフローを現在価値に割り引くことができず、投資の評価も企業価値の測定もできないことになります。

次項では、資本コストについてもう少し詳しく述べ、資本コストには負債コストと株主資本コストの二種類があることを説明します。

5-3 資本コストとは②

資本コストには二種類あります。それは負債コストと株主資本コストです。

企業の資金調達には、大きく分けて二種類の方法があります。貸借対照表の右側（貸方）を見れば一目瞭然です。貸借対照表の右側は、企業の資金の調達源泉を表しています。つまり、企業が資金をどのように調達してきたのかを表しているといえます。貸借対照表の右側は負債の部と資本の部があります。負債は別名他人資本とも呼ばれ、資金提供者である債権者に対して返済義務があります。一方資本は、別名株主資本とも呼ばれ、資金提供者である株主に対して返済する義務はありません。しかし企業にとって返済する義務はなくても、株主はリターンを要求していることを忘れないでください。

負債の資金提供者である債権者が求める利回りは、貸したお金に対する利息ということになります。これは社債にせよ借入金にせよ、資金を借りるときに、契約において金利が

2種類の資本コスト

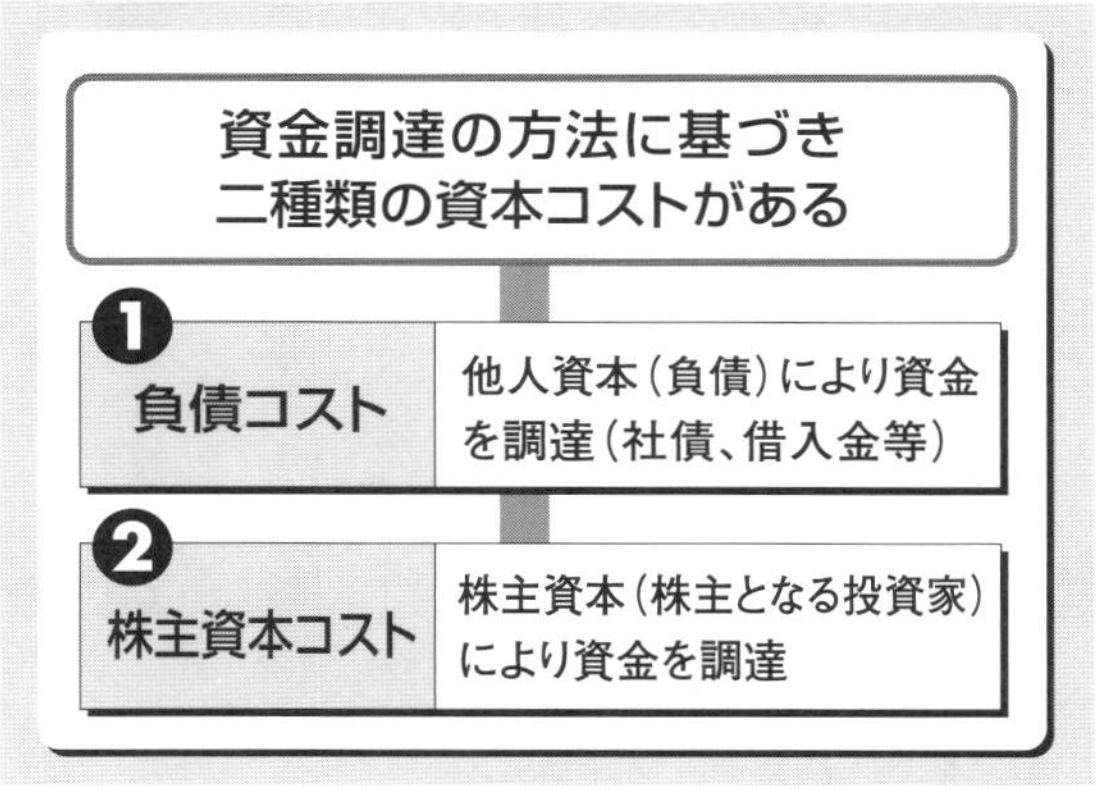
資金調達の方法に基づき
二種類の資本コストがある
❶
負債コスト
他人資本（負債）により資金を調達（社債、借入金等）
❷
株主資本コスト
株主資本（株主となる投資家）により資金を調達

決められるので、負債コストの見積もりは比較的簡単に行うことができます。

一方、株主資本の資金提供者である株主が求める利回りは、配当と株式の値上がり益だということができます。しかしこの金額を求めるのはそう容易ではありません。これを求めるには、資本資産評価モデル（Capital Asset Pricing Model：CAPM）を使います。これについては後で詳しく説明します。

一方、株主資本で調達した資金は返済不要ですが、配当と値上がり益を期待する株主が求めるリターンは、一般的に借入利息よりも高いといえます（株主にとって社債よりもハイリスク・ハイリターン）。

5-4 負債コストの計算

負債コストは、負債の利子率であるといえます。
具体的には以下の算式によって求められます。

負債コスト＝負債の利子率×（１－法人税率）

負債コストの算出において、述べるべきポイントは以下の二つです。
一つ目は、負債の利子率です。個別企業の負債の利子率は、一般的にリスクがないといわれる国債の利子率よりも高くなります。最近日本の国債の格付けが下がっていますが、しかし国がつぶれるというのは考えにくく、一般的には国債が無リスクの利子率であると考えられます。その企業に信用力がなければ金利は当然高くなります。また、簡単な審査で融資が受けられる消費者金融の金利は当然高くなっています。これは言い換えれば、貸し倒れのリスクの程度によって差があるからです。この貸し倒れリスクは、その企業の事

負債コストの計算

負債コストを考える上でのポイント

負債コスト	負債の利子率×（1－法人税率）
❶ 負債の利子率（国債、社債等）	リスクに応じて変動
❷ 負債の利子率に対する法人税	利子は税金の計算上損金になる→税負担分減少

業リスクや財務体質によって決定されます。格付け機関は、企業の貸し倒れのリスクを調査し、企業の安全性でランク付けを行っています。そしてそのランクに応じて社債の利子率が決められています。

二つ目は、負債の利子率に法人税を考慮することです。利子は税金の計算上損金となるため、その分だけ税の負担が少なくなります。

例えば、借入金の利子率が五％であったとき、法人税率四〇％であるとすると、負債コストは、五％ではなく、税金分負担が少なくなり、五％×（一－四〇％）＝三％となります。

5-5 株主資本コストの計算① ～株主が求めるリターン～

負債のコストと異なり、株主資本コストは株式市場のデータや企業のデータを基に計算をしなければなりません。株主資本コストの計算の代表的な方法として、資本資産評価モデル（ＣＡＰＭ：キャップエム）というものがあります。資本資産評価モデルは、計算が少し複雑ですが、順を追って見ていけばそれほど難しいものではありません。この計算を行って株主資本コストが算出できれば、あとは負債コストと資本コストを合わせて、企業全体の資本コストを算出します。これで投資の評価や企業価値の測定の際に使用する割引率を把握したことになります。

株主資本コストの計算方法を説明する前に、株主資本コストについてもう一度確認しておきたいことがあります。それは株主資本の提供者である株主は、配当とキャピタルゲインという二種類のリターンを期待しているということです。株主が毎年受取るものは配当

株主資本コスト

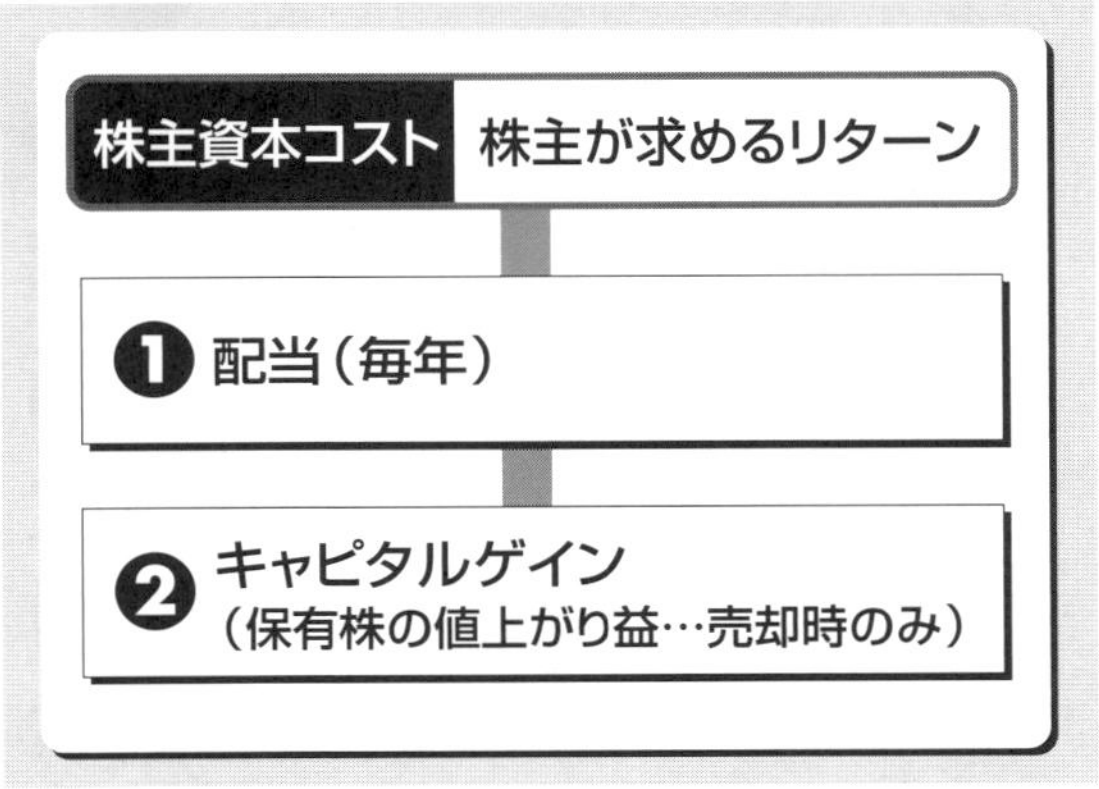
株主資本コスト
株主が求めるリターン
❶ 配当（毎年）
❷ キャピタルゲイン
（保有株の値上がり益…売却時のみ）

であるため、配当だけが株主の要求するリターンであると思われがちです。しかし、実際には、配当だけでなくキャピタルゲインを得ることを目的としています。獲得した利益のうち配当に回さなかった内部留保部分は、将来の利益獲得のための原資となり、その原資を基に更なる利益を獲得することが、企業を成長させることであり、株主のキャピタルゲインを生み出すことに寄与します。企業は、株主が期待する配当とキャピタルゲインの合計の期待収益率を把握し、その期待収益率以上のリターンを達成しなければなりません。

次項では、資本資産評価モデルを使った計算方法を説明します。

5-6 株主資本コストの計算②
～CAPM（Capital Asset Pricing Model：資本資産評価モデル）～

個別の企業における株主資本コストを算定する代表的な方法である資本資産評価モデルの計算式は以下のとおりです。

株主資本コスト＝無リスク金利＋β（ベータ）×株式市場プレミアム

ポイントは、三つです。

第一は、無リスク金利です。これは支払が確実で、リスクが限りなくゼロに近い国債（一般に一〇年もの国債）の利回りのことです。

第二は、株式市場プレミアムです。株式市場自体が国債よりどれだけ高い利回りを提供できるかを表します。数値は過去の株式市場が国債よりもどれだけ高い利回りを達成できたかという実績データを使用します。株主は過去の実績と同程度の利回りを要求するというのが前提になっています。具体的には、**「市場の期待収益率－無リスク金利」**という計

CAPMによる株主資本コストの算出

株主資本コスト	=	無リスク金利	+	β（ベータ）	×	株式市場プレミアム

資本資産評価モデル（CAPM）のポイント

❶ 無リスク金利	リスクが限りなくゼロの国債（一般には10年ものの国債）
❷ 株式市場プレミアム	株式市場が国債よりどれほど高い利回りを提供できるか（市場の収益率ー無リスク金利）
❸ リスク指標「ベータ（β）」	個別企業のリスクと株式市場全体のリスクとの相関を表す

算式で、株式市場プレミアムを計算します。一般的には二〇～三〇年単位での平均株価の上昇率が採用され、日本における実績値は五～六％だといわれています。

第三に、前述したベータです。個別の会社のリスクが株式全体のリスクより高いか低いかを表しています。値が一であれば株式市場と同じリスクであり、また一より大きければリスクが高く、一より小さければリスクが低いといえます。このベータと株式市場プレミアムを掛け合わせて、個別株式のリスクプレミアムを算出します。

そして個別株式のリスクプレミアムに無リスク利率を加えて、株主資本コストを計算します。

5-7 転換社債、新株引受権付社債の資本コスト

ここまでで、負債コストと資本コストの計算方法について説明してきました。しかし転換社債や、新株引受権付社債は、社債という負債でありながら、株式的要素が強いものですので、どのようにこれらの資本コストを見積もったらよいか疑問を持たれた方も多いと思います。

転換社債、新株引受権付社債の価値は、普通社債部分の価値と株式転換権や新株引受権というオプション価値（「権利」の部分）という二つに分けることができます。したがって、資本コストを考える際も、普通社債部分の価値とオプション価値の部分をそれぞれ算出して、それらを加重平均することによって求めます。

普通社債部分は、従来の負債コストの計算方法、すなわち**負債の利子率×（1−法人税率）**によって求めます。そしてオプション部分の価値の計算は、株主資本コストの計算と

社債の資本コスト

社債の資本コストの計算

↓

社債部分の価値とオプション価値の部分をそれぞれ計算し加重平均をとる

普通社債部分

負債コスト「負債の利子率×（1－法人税率）」

オプション部分

株主資本コスト（CAPM）
「無リスク金利＋β（ベータ）×株式市場プレミアム」

同様、資本資産評価モデル（ＣＡＰＭ）を使えばよいことになります。そしてこの二つを加重平均することによって転換社債、新株引受権付社債の資本コストを求めます。

転換社債や新株引受権付社債は、株式を取得できるオプションが付与されており、株式取得により、配当収入やキャピタルゲイン（株式の値上がり益）が得られる可能性があります。よって、一般的に普通社債と比べると利率が低く設定されています。しかし、利率が低いからといって決して資本コストが低いとは考えずに、オプション部分の資本コストも考慮に入れる必要があります。

5-8 資本コスト（WACC：加重平均資本コスト）

これまで負債コストと株主資本コストについて説明しました。それでは最終的な個別企業の資本コスト（＝割引率）を計算します。それは次の計算式のように、負債コストと株主資本コストを加重平均することによって求め、これを加重平均資本コスト（WACC、Weighted Average Cost of Capital：ワック）といいます。なお、投資の意思決定や企業評価を行う際の手法である割引現在価値法における資本コストもWACCが使用されます。

【加重平均資本コスト（WACC）】
＝長期有利子負債の時価／（長期有利子負債の時価＋株主資本の時価）×利子率（1－法人税率）
＋
株主資本の時価／（長期有利子負債の時価＋株主資本の時価）×株主資本の資本コスト

加重平均資本コスト：WACC

資本コスト

↓

❶ 負債コスト
❷ 株主資本コスト

この2つを加重平均することで求められる個別企業の資本コスト

↓

WACC（加重平均資本コスト）

$$WACC = D/(D+E) \times I(1-t) + E/(D+E) \times Re$$

D：長期有利子負債の時価	I：利子率	t：法人税率
E：株主資本の時価	Re：株主資本の資本コスト	

留意点は二つあります。第一に、投資家は時価で社債や株式を取引しているため、加重平均に用いる負債や資本は時価ベースの数字を用います。ただし負債は、市場で流通する社債以外は時価データが入手できず、また時価と簿価に大幅な差は見られないため多くは簿価で代用します。第二に、短期の負債である流動負債は運転資本を支えるためのもので、設備などのキャッシュを生み出す資産に充てられるものではないため、式の中には含まれません。ただし、日本においては短期の借入金を借換える慣行があるので、これらの借入は実質長期の負債として扱います。

第2部
活用編

第2部は、第1部の「基礎編」で学んだ知識を統合させ、実際に様々な投資の評価方法、企業価値の算出、そして資本構成と配当政策に関する実践的手法を学びます。

第6章「投資の意思決定」では、NPV、IRR、回収期間法、割引会計期間法、会計上の収益率、収益性指標、という投資の意思決定を行う際に使用する手法について学びます。そしてどのように投資判断を行うのかを明確にしていきます。また新たな投資意思決定手法としてのリアルオプションについても学びます。また、それぞれの長所と短所を理解し、どのような状況のときに、どの手法で投資意思決定を行うべきかを考えていきます。

第7章「企業価値」では、企業戦略の手法の一つとして実施されるM&Aやベンチャー企業に対する投資評価を行うため、自社の業績とそのフィードバックを行うため、あるいは主要な利害関係者とのコミュニケーションを行うために必要不可欠である「企業価値」について理解を深めます。また、それらの算出に関する事例を基に、具体的な算出方法を学習します。同時に、企業価値を使った業績評価方法であるEVAやMVAについても考えていきます。

第8章「資本構成と配当政策」では、資本構成・配当政策の意義と、それにともな

その前提という企業価値の変化について考えるために、完全資本市場という前提を考え、その前提の下での資本構成・配当政策と企業価値の関係について学びます。また、それに対して、現実の世界における不完全な資本市場での企業価値への影響についても考え、適正な資本構成や配当政策とは何か、を学びます。

6. 投資の意思決定

6-1 投資の意思決定

本章から、第2部「活用編」へと入っていきます。「活用編」の最初の章として本章では投資の意思決定について学習します。投資の意志決定は、実務上大変重要です。実務において財務、経理に携わる方だけではなく、経営陣、経営企画部、マーケティング部、商品開発部、営業部など、事業にかかわるすべての部署に属されている方が知っておくべき内容です。先ほどから繰り返し説明していますが、投資とは、株式や債券への投資といった金融投資だけに限りません。設備などの購入や、事業への投資など実物資産への投資も含まれます。その意味で、企業において、何らかの事業にかかわるすべての人が、投資家ということができ、皆がファイナンスの基礎を理解し活用して、投資に対して厳しい目を持ち、議論を深めていくことが望まれます。

そして、みんなが投資の採算性を検討するようにならなければなりません。思いつきや

投資の意思決定

事業にかかわるすべての人が投資家

事業に投資する際、投資の採算性を考え
しっかりと投資案件を精査

↓

思いつきや勘に頼る経営を避け、
成功確率を高める

勘に頼って事業を立ち上げ、成功するのを祈るといった経営では、成功の確率が悪くなります。事業に投資をする前に、採算性を考え、しっかり投資案件を精査することが必要になります。

企業は投資によって、発展することができます。本章では、その投資を行うべきか行わないべきかという意思決定に関して学習します。

6-2 基礎知識の統合

これまでで、コーポレートファイナンスにおいて、最低限知っておかなければいけない項目について説明しました。具体的には、1章では、財務の目的が企業価値の向上であること、またその目的を達成するための財務の三つの役割として、「投資の意思決定」、「資金の調達」、「配当に関する政策」、があるということを説明しました。そして2章の時間的価値では、現在価値、将来価値、割引率について、3章のキャッシュフローではキャッシュフローの定義、永続価値などの将来キャッシュフローの算出方法を説明しました。4章のリスクでは、リスクの概念として個別リスク、市場リスク、ベータについて説明しました。そして5章の資本コストでは、負債コストと株主資本コストの計算方法とその二つの加重平均による個別企業の資本コストの計算方法を説明しました。2章から5章までは基本事項の説明であり、まだパーツでしかありません。

投資の意思決定の流れ

投資の意思決定

↓

いかに投資家が期待する収益率（資本コスト）を上回る事業に投資するか

↓

現在価値、資本コスト、キャッシュフロー、リスク…等を利用し、投資の意思決定を行う

6章では、財務の役割の第一である「投資の意思決定」について考えます。つまりいかに投資家が期待する収益率（資本コスト）を上回るようなリターンが得られる事業に投資をするかを考えます。なお、投資とは「キャッシュを投入するすべての行動」のことをいいます。ここでは今までパーツであったそれぞれの概念を統合させなければなりません。

投資の意思決定における代表的な方法に、正味現在価値法（NPV法）があります。正味現在価値法は、5章までで説明してきました現在価値、資本コスト、キャッシュフロー、リスクなどがわかっていないと理解できません。もう一度基礎事項について整理をしておきましょう。

6-3 正味現在価値法（NPV法）

投資の決定において、一番代表的な手法が正味現在価値法（NPV：Net Present Value）です。2章で若干説明しましたが、もう一度説明しておきます。

正味現在価値とは、将来キャッシュフロー（フリーキャッシュフロー）の現在価値から投資額を差し引いたものをいいます（**正味現在価値＝将来キャッシュフローの現在価値－投資額**）。そして正味現在価値法とは、正味現在価値がプラスであれば投資を行うというものです。正味現在価値の計算式を示すと次のとおりです。

NPV＝フリーキャッシュフロー（FCF）の現在価値

$$NPV = FCF_0 + \frac{FCF_1}{(1+r)} + \frac{FCF_2}{(1+r)^2} + \frac{FCF_3}{(1+r)^3} + \cdots \frac{FCF_n}{(1+r)^n}$$

簡単な例題で考えてみましょう。

正味現在価値法：NPV法

NPV＝フリーキャッシュフロー（FCF）の現在価値

$$NPV=FCF_0+\frac{FCF_1}{(1+r)}+\frac{FCF_2}{(1+r)^2}+\frac{FCF_3}{(1+r)^3}+\cdots$$

$$\cdots\cdots\cdots\frac{FCF_n}{(1+r)^n}$$

＝−100万円＋10万円／1.1＋30万円／1.21＋40万円／1.33＋25万円／1.46＋35万円／1.61≒2.7（＞0……投資すべき）

［設例］

初年後に一〇〇万円投資をし、一年目で一〇、二年目で三〇、三年目で四〇、四年目で二五、五年目で三五の将来キャッシュフローをもたらす投資案があったとします。この投資の是非を判断してください（資本コストr＝一〇%とする）。

$$NPV=-100+\frac{10}{(1+0.1)}+\frac{30}{(1+0.1)^2}+\frac{40}{(1+0.1)^3}+\frac{25}{(1+0.1)^4}+\frac{35}{(1+0.1)^5}\fallingdotseq 2.7$$

∴NPV＞〇であるため投資を行うべき

6-4 内部収益率法（IRR法）

内部収益率は、正味現在価値（NPV）がゼロになる割引率のことです。**正味現在価値**を求める算式は、

$$NPV=FCF_0+\frac{FCF_1}{(1+r)}+\frac{FCF_2}{(1+r)^2}+\frac{FCF_3}{(1+r)^3}+\cdots\frac{FCF_n}{(1+r)^n}$$

です。

正味現在価値は、割引率（r）とフリーキャッシュフロー（FCF）がわかっていましたが、**内部収益率**は、NPVを0として与えられたフリーキャッシュフローから割引率（r）を求めます。

$$0=FCF_0+\frac{FCF_1}{(1+r)}+\frac{FCF_2}{(1+r)^2}+\frac{FCF_3}{(1+r)^3}+\cdots\frac{FCF_n}{(1+r)^n}$$

そして内部収益率による投資判断は、右記算式によって計算された内部収益率（IRR）が資本コスト（投資家の期待する収益率）を上回れば（IRR>資本コスト）、投資を行っ

NPVとIRRの関係

NPV（正味現在価値）

↓

結果が「0」を上回れば「投資すべき」と判断をする基準

IRR（内部収益率）

↓

NPVを「0」とする場合の資本コストrを計算し、その値と実際の資本コストを比較（実際の資本コストよりも値が大きければ投資を行う）

$$0=FCF_0+\frac{FCF_1}{(1+r)}+\frac{FCF_2}{(1+r)^2}+\frac{FCF_3}{(1+r)^3}+\cdots\frac{FCF_n}{(1+r)^n}$$

てもよいということとなります。IRRの計算は複雑であるため手計算では困難です。したがって表計算ソフトの関数機能などを利用して算出するのが現実的です。前項の設例を内部収益率法により投資判断を行ってみましょう。

$$NPV=-100+\frac{10}{(1+r)}+\frac{30}{(1+r)^2}+\frac{40}{(1+r)^3}+\frac{25}{(1+r)^4}+\frac{35}{(1+r)^5}$$

エクセルの関数機能IRRを使って、内部収益率を出すと一〇・九となります。

∴内部収益率一〇・九%>資本コスト一〇%であるため、投資すべきであるといえます。

6-5 回収期間法（Payback Period）

投資を行って、その投資の回収としてフリーキャッシュフローを獲得していきますが、フリーキャッシュフローの累積額が投資額に達したとき、投資が回収できたといいます。またその投資額が回収される期間のことを投資の回収期間といいます。投資金額を何年で回収することができるかを計算し、その数字が目標回収期間より短ければ投資を実行し、長ければ投資を実行しないという判断を行うものです。

例えば、企業の目標投資回収期間が三年だとした場合、投資額が二、〇〇〇万円、キャッシュフローの金額が一年度七〇〇万円、二年度七〇〇万円、三年度七〇〇万円、四年度七〇〇万円という条件の投資案件に投資するべきでしょうか。

累積キャッシュフローを見ると、三年度で黒字となるため、三年以内で回収できたことになります。よって投資は行うべきだといえます。

回収期間法

回収期間法（Payback Period）

投資額が回収されるまでの期間を計算し、目標回収期間より短ければ投資を決定

計算が容易であるという利点はありますが、問題点も多くあります。その問題点は以下の三つが挙げられます。第一に、目標となる投資回収期間をどのように定めればいいのかが不明確である点です。第二は、時間の価値とリスクを考慮に入れていない点です。第三は、回収期間以降のキャッシュフローが考慮に入れられなくなってしまうことです。正味現在価値は少ないが投資の回収期間が短い投資案件と、正味現在価値は多いが、投資の回収期間が長い投資案件では、前者のほうが選択されてしまいます。また正味現在価値はプラスであるのにもかかわらず、投資の回収期間が目標期間より長い投資案件は投資しないという判断がなされてしまいます。

6-6 割引回収期間法（Discounted Payback Period）

割引回収期間法は、前項の回収期間法の時間の価値を考慮していない、リスクを考慮に入れていないといった欠点を克服するために、将来キャッシュフローの現在価値を使用します。

前項の設例を使って説明をしていきます。

[設例] 企業の目標投資回収期間が三年だとした場合、投資額が二、〇〇〇万円、キャッシュフローの金額が一年度七〇〇万円、二年度七〇〇万円、三年度七〇〇万円、四年度七〇〇万円という条件の投資案件に投資するべきでしょうか。割引率は一〇％とします。

[回答] 将来キャッシュフローを割引率によって現在価値に直すと、一年度六三六、二年度五七八、三年度五二六、四年度四七九となります。累積キャッシュフローを計算すると、一年度△一、三六四、二年度△七八六、三年度△二六〇、四年度二一九となり、四年度の途

割引回収期間

割引回収期間

キャッシュフローの現在価値を使って投資金額を何年で回収できるかを示す値を求め、目標回収期間より短ければ投資を決定

割引回収期間＜目標回収期間

中で回収できることがわかります。目標回収期間が三年ですので割引回収期間法でこの案件の投資評価を行うと、投資は行うべきでないということになります。

この方法は、キャッシュフローに割引現在価値を使っているため、時間の価値が考慮されており、リスクも考慮に入れられている点が回収期間法より優れているといえます。

しかし、目標となる投資回収期間をどのように定めればいいのかが不明確であることや、回収期間以降のキャッシュフローが考慮に入れられなくなってしまうことが、依然問題点として挙げられます。

6-7 会計上の収益率

会計上の利益をリターンとして使用して投資を判断するものです。投資利益率（Return On Investment）として、日本の企業では一番とっつきやすいかもしれません。計算式は次のとおりになります。

投資利益率＝$\frac{\text{会計上の利益}}{\text{投資額（簿価）}}$

分子の利益は損益計算書から数字を持ってきます。損益計算書には売上総利益、営業利益、経常利益、税引前利益、税引後利益という五つの利益が掲載されていますが、目的に応じて利益を使い分けます。一方、分母の投資額は貸借対照表から数字を持ってきます。投資額も目的に応じ、投資総額あるいは、減価償却費差引後の投資額を使ったりします。また、投資額は時価ではなく貸借対照表上の簿価を使用します。

会計上の収益率（投資利益率：ROI）

投資額に対する利益の割合を求め、目標とする利益率より高ければ投資を実行

$$投資利益率 = \frac{会計上の利益}{投資額（簿価）}$$

しかし、この方法も問題を抱えています。まず第一に、キャッシュフローでなく利益額を使っていることです。前述したとおり利益は採用する会計処理方法によって数字が変わってしまうので、主観的判断が介入してしまうことです。第二に、この方法も時間の価値とリスクを考慮に入れてないことです。例えば正味現在価値法では、リスクの高い投資案件は割引率も高く、割引現在価値は低く設定されますが、会計上の収益率ではリスクが考慮されないため、過大評価となってしまいます。そして第三に、判断基準が曖昧である点が指摘できます。比例基準となる同業他社の平均値や、時系列で見た自社の過去の実績値などは基準として曖昧です。

6-8 収益性指標（Profitability Index：P－I）

この方法は投資からの将来キャッシュフローの現在価値と初期投資額を比べることによって投資の判断を行う方法です。計算式は以下のとおりになります。

$$収益性指標(PI) = \frac{キャッシュフローの現在価値}{初期投資額}$$

分母の初期投資額と分子のキャッシュフローの現在価値は、両方とも現在価値という意味でレベルがそろっており、時間的価値もリスクも考慮されています。そして、この収益性指標が一より大きければ投資を実行し、一より小さければ投資を実行しないという意思決定を行います。設例を使って収益性指標で判断してみましょう。

［設例］初期投資額が二、〇〇〇万円、キャッシュフローの金額が一年度七〇〇万円、二年度七〇〇万円、三年度七〇〇万円、四年度七〇〇万円という条件の投資案件に投資するべき

収益性指標（PI）

将来キャッシュフローの現在価値と初期投資額を比較し、初期投資額を上回っていれば投資を決定

$$収益性指標（PI）= \frac{キャッシュフローの現在価値}{初期投資額}$$

PI＞1のとき	PI＜1のとき
↓	↓
投資を実行する	投資を実行しない

でしょうか。割引率は一〇%とします。

[回答] 将来キャッシュフローを割引率によって現在価値に直すと、一年度六三六、二年度五七八、三年度五二六、四年度四七九となります。割引キャッシュフローの総和は二、二一九となります。

$$収益性指標(PI) = \frac{2,219}{2,000} = 1.1$$

∴PI＞一であるため、投資を行うべきだといえます。

しかしこの方法にも欠点はあります。それは絶対額ではなく比率であるため、この数値だけでは規模が分からないということです。複数の投資案から選択する場合、正味現在価値法と収益性指標とのどちらを使うかによって、結論が異なる場合が出てきます。

6-9 投資の評価にどの方法を使うのか

本章において、投資の意思決定を判断する方法として、次の六つを紹介してきました。①正味現在価値法（NPV法）、②内部収益率法（IRR法）、③収益性指標（PI法）、④会計上の収益率、⑤回収期間法、⑥割引回収期間法、の六つです。それぞれ長所と短所があります。

まず、ファイナンスの鉄則として「キャッシュフローを用いる」、「時間的価値、リスクを考慮に入れること」という基本的な鉄則に反しているものとして、④会計上の収益率、⑤回収期間法が挙げられます。また、「投資の全期間のキャッシュフローを考慮する」ということも必要になるため、これに反しているものとして割引回収期間法を挙げることができます。また、②内部収益率法（IRR法）、③収益性指標（PI法）は、右記の三つの鉄則は満たしていますが、複数の投資案件から選択する場合などは適さないといえるで

投資評価の方法と基準

	キャッシュフローを用いる	時間的価値	リスクを考慮	投資の全期間のキャッシュフローを考慮	複数の投資案件の比較	投資のタイミングを考慮	会計データとの連動性	計算の容易さ
①正味現在価値法（NPV法）	○	○	○	○	○	○	×	△
②内部収益率法（IRR法）	○	○	○	○	△	○	×	△
③収益性指標（PI法）	○	○	○	○	△	○	×	△
④会計上の収益率	×	×	×	×	○	×	○	○
⑤回収期間法	○	×	×	×	○	×	×	○
⑥割引回収期間法	○	○	○	×	○	×	×	△

出所：高橋文郎著『実践　コーポレート・ファイナンス』ダイヤモンド社、2001年を参考に作成

しょう。

投資決定方法はいかなる場合でも適応できる唯一の方程式が存在しないため、複数検討した上で決定することと、状況に応じて優先順位をつけ、使い分ける必要があります。

例えばある一定期間の事業におけるキャッシュフローの大きさだけでなく、実際にキャッシュフローを生み出す「タイミング」も考慮しながら意思決定をする必要がある場合、正味現在価値、内部収益率、収益性指標のいずれかが検討されることになります。またファイナンス理論では、好ましくない会計上の収益率なども、会計データとの連動性、計算の容易さというメリットがあるため、有効である場合もあるかもしれません。

6-10 新たな投資評価手法 ～リアルオプション～

オプションとは、「あらかじめ定められた満期日までに、あらかじめ決められた価格で、行動を起こすことができる権利」のことです。ポイントは、義務ではなく権利であるというところにあります。権利の取得により、状況に応じて柔軟な行動をすることができます。リアルオプションは、金融工学におけるオプション理論を実物資産やプロジェクトの評価に適応したものです。不確実性が高いプロジェクトにおいて、前述したNPV法では、NPV＜0となるケースが多く、「投資は行わない」という判断がなされます。しかし段階的な投資等が行える場合、リアルオプションでは、将来の投資に対する柔軟性の価値を評価するため、数値がプラスになり、「投資を行う」という判断ができる場合があります。

例えば、新規事業において初年度に一億円の投資が必要で、二年目に事業拡大のため、三〇億円の投資が必要だとします。この場合、初年度に一億円を投資し、事業に参入して

リアルオプション

延期オプション	プロジェクトの開始を延期できる権利
中止オプション	プロジェクトを途中で中止することができる権利
縮小オプション	一部を売却し、プロジェクトを縮小することができる権利
拡張オプション	投資額を増額してプロジェクトを拡張できる権利
延長オプション	プロジェクト期間を延長する権利
スイッチング・オプション	製造プラントを休止後に再稼動させるなど柔軟に切り替えができる権利

出所：トム・コープランド、ウラジミール・アンティカロフ『決定版　リアルオプション』東洋経済新報社、2002年を参考に作成

おけば、経営者は二年目の市場動向が明確になった時点で、市場動向が好転していれば、三〇億の追加投資を行って、本格的に参入することができ、一方、市場動向が悪化している場合には、追加投資を行わず撤退すれば初期投資額一億円の損失だけで済ませることができます。この例のような投資に対するフレキシビリティーの価値が、NPVでは反映されず、リアルオプションでは反映されます。実際の経営では、経営者は柔軟性を考慮にいれ意思決定を行っているため、NPVよりリアルオプションのほうが現実に即しているともいえます。

なお、トム・コープランドはリアルオプションを図のように分類しています。

7-1 企業価値算出の必要性

本章では、企業価値の算定方法を学習します。なぜ企業価値を算出する必要があるのでしょうか。

それは簡単にいえば、企業の目的が企業価値の最大化にあるからです。会社とは様々な投資プロジェクトの集合体ということができます。貸借対照表における資産総額は、金額的にすべての企業の投資プロジェクトを結集したものです。したがって、会社全体を一つのプロジェクトとみなして、その経済的価値を算出することが企業価値を算出することであるといえます。もちろん自社を評価する場合と他社を評価する場合の両方があります。

企業価値を算出する目的としては、業績評価とそのフィードバック、主要なトランザクションの評価、主要な利害関係者へのコミュニケーションなど多様な目的があります。

業績評価とそのフィードバックでは、投資した事業が企業価値を創造しているかを測定

企業価値算出の目的

業績評価とそのフィードバック

投資した事業が企業価値を創造しているかを測定し、次期以降の戦略を練り直す

主要なトランザクションの評価

M&A、企業分割・譲渡、資本構成の見直し、自己株式取得などを評価する

主要な利害関係者へのコミュニケーション

株主をはじめとした利害関係者に対して、企業価値を創造したことを説明し、また今後の企業価値を高める戦略を説明し、自社への投資の魅力をアピールする

し、次期以降の戦略を練り直す機会を提供します。

主要なトランザクションの評価は、M&A、企業分割・譲渡、資本構成の見直し、自己株式取得などの評価を行います。

主要な利害関係者へのコミュニケーションは、株主をはじめとした利害関係者に対して、企業価値を創造したことを説明し、また今後の企業価値を高める戦略を説明し、自社への投資の魅力をアピールします。

このように、企業経営に関し重要な企業価値の算出に関して、本章では詳しく見ていきます。

7-2 企業価値とは

ファイナンスの目的は企業価値を最大にすることにあります。企業価値とは、会社全体の経済的価値のことをいいます。なぜ企業価値を算定するのかといえば、企業価値の最大化という使命を与えられている経営者が自社の価値を評価し、価値創造経営を行うために必要であるからということができます。また企業評価は様々な目的で行われます。M＆Aによって他社を自社に取り込む場合や、リストラなどの事業再編の評価、さらには子会社などへの出資など連結経営を考える際にも必要となります。例えば他社を買収する際、いくらで買うかということが問題になります。その際には企業価値の考え方が不可欠となります。

今まで事業投資という実物資産の価値の評価を行ってきました。この投資全体の価値の計算は、その投資からのキャッシュフローの現在価値の総和であるといえます。これはD

企業価値

事業投資全体の価値

その投資からのキャッシュフローの現在価値の総和

企業価値

企業が事業から生み出すキャッシュフローの現在価値の総和

CF法（割引キャッシュフロー法）といいます。割引キャッシュフロー法の基本的な考えは、「すべての資産（株式・債券などの金融資産、土地、事業などの実物資産）の価値は、その資産が生みだすキャッシュフローを投資家が期待する収益率で割引いた現在価値に等しくなる」ということです。例えば、土地の価値は「その土地が将来生み出すキャッシュフローの現在価値」となります。したがって企業の価値は「企業が将来、事業から生み出すキャッシュフローの現在価値」であるといえます。企業評価にはいくつかの評価方法が存在しますが、M&Aの際などに多く採用され、また理論的裏づけも持っているのがDCF法（Discount Cash Flow）による企業評価です。

7-3 企業価値の計算方法①

それでは企業価値（企業が生み出すキャッシュフローの現在価値）を具体的に計算する手順について説明します。計算手順は次のとおりです。

①フリーキャッシュフローの予測
②資本構成の計算
③資本コスト（加重平均資本コスト：ＷＡＣＣ）の計算
④継続価値の計算
⑤金融資産、遊休土地の時価を加算
⑥企業価値、株式価値の計算、

この六つの手順で計算していきます。ではもう少しそれぞれについて詳しく説明していきます。

企業価値の算出法

フリーキャッシュフローの予測（5〜10年）
↓
資本構成の計算
↓
資本コスト（加重平均資本コスト:WACC）の計算
↓
継続価値の計算
↓
金融資産、遊休土地の時価を加算
↓
企業価値、株式価値の計算

①予測期間のフリーキャッシュフローの予測

まず、五〜一〇年までのフリーキャッシュフロー（ネットキャッシュフロー：純現金収入）を予測します。

事業が生み出すキャッシュフロー－投資のキャッシュフロー

財務諸表から計算するには以下の算式を用います。

営業利益×（1－法人税率）＋減価償却費－運転資本の変化－投資

詳しくは、3-4キャッシュフローの定義①まで戻り、復習を行ってください。

7-4 企業価値の計算方法②

では、企業価値の計算方法の第二段階である資本構成の計算から説明していきます。

②資本構成の計算

負債と株主資本の時価を求めます。負債は、簿価で代用しても差し支えありません。また株主資本は、発行済み株式数×株価で求めることができます。

③資本コスト（加重平均資本コスト：WACC）の計算

負債と株主資本の時価が計算できた後は、加重平均資本コストを計算します。

t＝法人税率、r_d＝負債利子率（d＝負債コスト）、r_e＝無リスク金利（e＝株主資本コスト）＋β（株式市場の期待収益率－無リスク金利）とすると、

$$\text{加重平均コスト(WACC)} = \frac{\text{負債}}{\text{負債}+\text{株主資本}} \times r_d \times (1-t) + \frac{\text{株主資本}}{\text{負債}+\text{株主資本}} \times r_e$$

④継続価値の計算

資本構成の計算

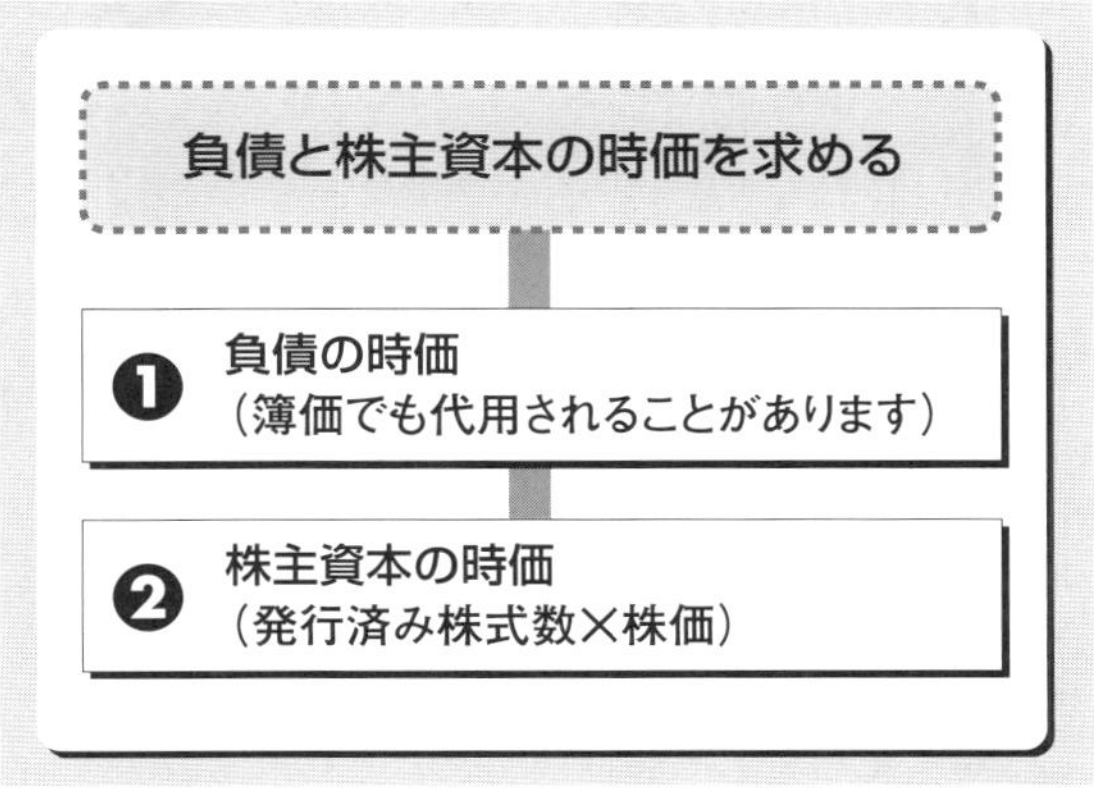
負債と株主資本の時価を求める
❶ 負債の時価
（簿価でも代用されることがあります）
❷ 株主資本の時価
（発行済み株式数×株価）

五～一〇年の予測期間以降のキャッシュフローについても計算しておく必要があります。それは、予測期間の最終年度の企業価値（継続価値）を見積もって現在価値に割引きます。

企業価値＝予測期間におけるフリーキャッシュフローの現在価値＋継続価値の現在価値

継続価値は、予測期間以降のフリーキャッシュフローの予測期間の最終年度時点での現在価値となります。予測期間以降のフリーキャッシュフローの成長率を一定と仮定すると、**成長永続価値の算式、CF／r－g**を使って計算すると、以下のようになります。

継続価値＝

$$\frac{\text{予測期間の翌年のフリーキャッシュフロー}}{\text{加重平均資本コスト－フリーキャッシュフローの成長率}}$$

7-5 企業価値の計算方法③

⑤金融資産、遊休土地の時価を加算

企業は、様々な資産を使用して事業からキャッシュフローを獲得しますが、事業に利用されてない余裕資金からの金融資産や遊休土地などを保有している場合があります。

フリーキャッシュフローの計算式「**営業利益×(1−法人税率)＋減価償却費−運転資本の変化−投資**」に注目してみましょう。この計算で計算されるフリーキャッシュフローは、企業が事業に供している資産（総資産から金融資産、遊休土地を差し引いたもの）の価値を表しているといえます。したがって企業全体の価値を表すためには、上記の事業資産に金融資産と遊休土地の時価を加えたものになります。したがって計算式は「**企業価値＝フリーキャッシュフローの現在価値(事業資産の価値)＋金融資産＋遊休土地の時価**」となります。

企業価値（会社全体の経済的価値）

フリーキャッシュフローの現在価値(事業資産の価値)
＋
金融資産＋遊休土地の時価

予測期間のキャッシュフローの現在価値
＋
継続価値の現在価値
＋
金融資産＋遊休土地の時価

⑥企業価値、株式価値の計算

いよいよ最終段階です。予測期間のキャッシュフローの現在価値、継続価値の現在価値という二つの値が出ているので、この二つを足して企業価値を求めます。

企業価値＝予測期間のキャッシュフローの現在価値＋継続価値の現在価値＋「金融資産＋遊休土地の時価」

また、株式の価値を算出する場合、全体の企業価値から負債の価値を差し引けば求められます。**（株式価値＝企業価値－負債価値）**

そして、その金額を発行済み株式総数で割れば一株当たりの株価が求められます**（一株当たり株価＝株式価値／発行済み株式数）**。

7-6 企業価値の計算実例① ～問題文～

[設例] X社は設立三五年目の電気メーカーです。株式時価総額は二一、〇〇〇億円、負債総額七、〇〇〇億円の大手の一角を占めています。技術開発が進み、新たな設備に対する投資額も増えますが、四年目で大規模な投資は完結し、営業利益も最終的には緩やかな上昇傾向を見込んでいます。今後五年間のキャッシュフロー予測を元に、企業価値と株価を求めてください(単位：億円)。

①キャッシュフローの予測（予測期間：五年、法人税率：四〇％）

一年度：営業利益二、〇〇〇、減価償却費三〇〇、運転資本需要の増加一〇〇、投資額一、〇〇〇

二年度：営業利益三、〇〇〇、減価償却費四〇〇、運転資本需要の増加二五〇、投資額一、二〇〇

三年度：営業利益二、五〇〇、減価償却費三三〇、運転資本需要の増加三〇〇、投資額一、五〇〇

四年度：営業利益二、三〇〇、減価償却費四二〇、運転資本需要の増加五〇〇、投資額一、二〇〇

企業価値の算出のプロセスと必要データの整理

①フリーキャッシュフローの予測	
1年度:営業利益2,000、減価償却費300、運転資本需要の増加100、投資額1,000	
2年度:営業利益3,000、減価償却費400、運転資本需要の増加250、投資額1,200	
3年度:営業利益2,500、減価償却費330、運転資本需要の増加300、投資額1,500	
4年度:営業利益2,300、減価償却費420、運転資本需要の増加500、投資額1,200	
5年度:営業利益3,100、減価償却費650、運転資本需要の増加1,000、投資額 450	
②資本構成の計算	株式時価総額 :21,000億円
	負 債 総 額 : 7,000億円
③資本コスト(WACC)の計算	負 債 の 利 子 率 :3%
	無 リ ス ク 金 利 :2%
	株式市場の期待収益率 :7%
	β (ベ ー タ) :1.1
③継続価値の計算	
予測期間以降のフリーキャッシュフローの成長率:5%で一定であると仮定	
④金融資産、遊休土地の時価を加算	
発行済株式数:25億株、遊休土地3,000億円、金融資産5,000億円	

五年度：営業利益三、一〇〇、減価償却費六五〇、運転資本需要の増加一、〇〇〇、投資額四五〇

②資本コスト算定のためのデータ

負債の利子率　　：三％

無リスク金利　　：二％

株式市場の期待収益率：七％

β（ベータ）　　：一・一

株式時価総額　　：二一、〇〇〇億円

負債総額　　　　：七、〇〇〇億円

③その他のデータ

予測期間以降のフリーキャッシュフローの成長率：五％で一定であると仮定

発行済株式数：二五億株、遊休土地三、〇〇〇億円、金融資産五、〇〇〇億円

7-7 企業価値の計算実例② 〜回答1〜

では、六つの手順にしたがって問題を解いていきましょう。

①予測期間のフリーキャッシュフローの予測

一年度：営業利益二、〇〇〇×（一－法人税率四〇％）＋減価償却費三〇〇－運転資本需要の増加一〇〇－投資額一、〇〇〇＝四〇〇

二年度：営業利益三、〇〇〇×（一－法人税率四〇％）＋減価償却費四〇〇－運転資本需要の増加二五〇－投資額一、二〇〇＝七五〇

三年度：営業利益二、五〇〇×（一－法人税率四〇％）＋減価償却費三三〇－運転資本需要の増加三〇〇－投資額一、五〇〇＝三〇

四年度：営業利益二、三〇〇×（一－法人税率四〇％）＋減価償却費四二〇－運転資本需要の増加五〇〇－投資額一、二〇〇＝一〇〇

企業価値の計算実例～回答1～

予測期間のフリーキャッシュフローの合計額（1～5年目）
＝
400＋750＋30＋100＋1,060＝2,340

資本構成の計算

負債比率	負債時価／（負債時価＋株式時価総額）＝25％
株主資本比率	株式時価総額／（負債時価＋株式時価総額）＝75％

五年度：営業利益三、一〇〇×（一－法人税率四〇％）＋減価償却費六五〇－運転資本需要の増加一、〇〇〇－投資額四五〇＝一、〇六〇

∴一年度～五年度まで（予測期間）のフリーキャッシュフローの合計額

四〇〇＋七五〇＋三〇＋一〇〇＋一、〇六〇＝二、三四〇

②資本構成の計算

負債比率：負債時価七、〇〇〇億円／（負債時価七、〇〇〇億円＋株式時価総額二一、〇〇〇億円）＝二五％

株主資本比率：株式時価総額二一、〇〇〇億円／（負債時価七、〇〇〇億円＋株式時価総額二一、〇〇〇億円）＝七五％

7-8 企業価値の計算実例③ 〜回答2〜

③資本コストの計算

まず負債コストを計算します。

負債コスト＝負債利子率三％×（一－法人税法四〇％）＝一・八％

株主資本コストは、無リスク金利二％、株式市場の期待収益率七％、β（ベータ）一・一、というデータから次のように計算できます。

株主資本コスト＝無リスク金利二％＋β一・一×（株式市場の期待収益率七％－無リスク金利二％）＝七・五％

負債コスト、株主資本コストが計算できたので、加重平均資本コスト（ＷＡＣＣ）を計算します。

加重平均資本コスト＝一・八％×負債比率二五％＋七・五％×株主資本比率七五％＝六・〇

企業価値の計算実例～回答2～

資本コストの計算

株主資本コスト＝無リスク金利2％＋β1.1×（株式市場の期待収益率7％－無リスク金利2％）＝7.5％

負債コスト、株主資本コストが計算できたので、加重平均資本コスト（WACC）を計算する。

加重平均コスト＝1.8％×負債比率25％＋7.5％×株主資本比率75％＝6.075％

継続価値の計算

$$継続価値＝\frac{予測期間の翌年のフリーキャッシュフロー}{加重平均資本コスト－フリーキャッシュフローの成長率}$$

$$＝\frac{1,060×1.05}{6.075\%－5\%}＝103,534億円$$

資本コストの計算

企業価値算定の際に、遊休土地3,000億円、金融資産5,000億円を加算

七五％

④継続価値の計算

$$継続価値＝\frac{予測期間の翌年のフリーキャッシュフロー}{加重平均資本コスト－フリーキャッシュフローの成長率}$$

$$＝\frac{1,060×1.05}{6.075\%－5\%}＝103,534億円$$

⑤金融資産、遊休土地の加算

企業価値算定の際に、遊休土地三、〇〇〇億円、金融資産五、〇〇〇億円を加算します。

7-9 企業価値の計算実例④ ～回答3～

すべてデータがそろったので、いよいよ企業価値を算出します。

■予測期間のフリーキャッシュフローの現在価値

$$= \frac{400}{1.06075} + \frac{750}{1.06075^2} + \frac{30}{1.06075^3} + \frac{100}{1.06075^4} + \frac{1,060}{1.06075^5} = 1,937$$

■継続価値

$$= \frac{103,534}{1.06075^5} = 77,093$$

■金融資産

五、〇〇〇億円

■遊休土地

企業価値の計算実例～回答3～

企業価値

＝

予測期間のフリーキャッシュフロー＋継続価値＋金融資産＋遊休土地
＝1,937＋77,093＋5,000＋3,000

株式価値

＝

「企業価値－負債価値」＝8兆30億円
1株当たりの株価＝株式価値／発行済み株式数＝3,201円

三、〇〇〇億円

そして以下の企業価値計算公式にあてはめます。

企業価値＝予測期間のフリーキャッシュフローの現在価値＋継続価値＋金融資産＋遊休土地＝1,937＋77,093＋5,000＋3,000＝87,030億円

また株式の価値は「企業価値－負債価値」ですので、

株式価値＝87,030－7,000＝80,030億円

そして、一株当たりの株価は、「株式価値／発行済み株式数」で求められます。

一株当たり株価＝80,030億円／25億株
＝3,201.2円

7-10 EVA（Economic Value Added：経済付加価値）

企業価値を創造しているかを評価する方法として、EVAという考え方を見てみます。EVAは、コンサルティングファームであるスタン・スチュワート社の登録商標で、企業の価値創造の評価基準として、財務会計ベースの利益ではなく、経済的利益を用いるものです。

通常の会計的利益は、売上高から、原材料費、人件費、減価償却費、支払金利等の費用と税金を引いて計算されますが、経済的利益は、売上高から、資本コストに相当する利益額である資本費用も差し引きます。企業は、会計的利益ではなく、あくまで経済的利益を上げることで、初めて価値を創造したといえるのです。算式は次のようになります。

EVA＝税引後営業利益－資本費用（必要収益額）
＝税引後営業利益－（投下資本×加重平均資本コスト）

経済付加価値：EVA

EVA

＝

税引後営業利益－（投下資本×加重平均資本コスト）

※投下資本＝正味運転資本（流動資産－流動負債＋短期借入金）＋固定資産

※投下資本＝正味運転資本（流動資産－流動負債＋短期借入金）＋固定資産

資本費用は、投資家が期待する利益額であるので、それを差し引いて残った利益額は、企業が価値を創造したことになります。したがってＥＶＡがプラスであれば、企業は価値を創造したことになります。

しかしＥＶＡで企業を評価する場合、留意点も押さえておく必要があります。それは長期的視点に立つことです。企業によっては、単年度のＥＶＡではマイナスであっても、長期的にはプラスである場合も考えられます。特に新規事業の立ち上げ期などはそうです。したがって将来のＥＶＡがプラスとなる事業活動を行うという点が重要になります。

7-11 MVA (Market Value Added：市場付加価値)

一方、市場付加価値（ＭＶＡ）は、企業の市場価値（株式と負債の時価総額の合計）から投下資本額を差し引いた額です。

効率的な株式市場の下では、企業の市場価値は、企業が将来生み出すフリーキャッシュフローを加重平均資本コストで割り引いた現在価値の推計値になります。ＭＶＡは企業の市場価値から投下資本額を差し引いたものなので、企業全体の投資活動の正味現在価値についいて、株式市場が推計した値を示していると考えられます。したがって、年々のＭＶＡの変化を見れば、企業が事業活動によって価値をどれだけ高めたかという株式市場における評価を知ることができます。計算式は次のとおりになります。

市場付加価値(ＭＶＡ)＝企業の市場価値−投下資本

＝企業が獲得するフリーキャッシュフローの現在価値−投下資本

市場付加価値：MVA

市場付加価値（MVA）
＝
企業の市場価値－投下資本
＝
企業が獲得するフリーキャッシュフローの現在価値－投下資本
＝
企業が獲得する正味現在価値

＝企業が獲得する正味現在価値

前記の算式における企業の市場価値は、株式の時価と負債の時価の合計です。このうち、株式の時価は経済の様々な要因によって変動するものであり、必ずしも企業の業績のみを反映したものではありません。例えば、アメリカ経済の動向、為替の変動、株式市場の動き、金利の変動などの要因です。したがって、MVAが低いということは、経営者のパフォーマンスが悪いということを必ずしも意味しているとはいえません。なお、MVAもスターン・スチュワート社が提唱した指標です。

8. 資本構成と配当政策

8-1 資本構成と配当政策

いよいよ最後の章となりました。今までのことをおさらいしておきましょう。

まず第1部「基礎編」において、ファイナンスにおいて最低限知っておかなければいけない項目について学習しました。具体的には、「ファイナンスの役割」、「時間的価値」、「キャッシュフロー」、「リスク」、「資本コスト」について学習しました。これら一つ一つは、パーツであるといえます。

そして第2部「活用編」では、各パーツを統合して、実際の実務で活用する方法について学習しました。

本書の対象者には、財務担当者や経理担当者の方だけではなく、経営陣、営業部、経営企画部、マーケティング部、製品開発部など事業にかかわるすべてのビジネスマンを想定しています。よって、第2部「活用編」においては、特に「投資の意思決定」、「企業価

資本構成と配当政策

資本構成

負債と株主資本のどちらで資金調達を行うべきか

配当政策

どのように配当を実施していくべきか

ファイナンスの目的は「企業価値を最大化すること」であるため、資本構成、配当政策を考える際も、どのような資本構成・配当政策が企業価値を最大化しうるかという視点で考える必要あり

値」を最重要項目とし、かなりの紙面を割いて説明してきました。

そしていよいよ活用編の最後の本章です。本章では、財務政策といわれる部分について学習します。具体的には、どのように資金調達を行うのかという問題の主要論点である「資本構成」と株主に対してどのように配当を実施していったらよいのかという「配当政策」について取り扱います。

しかし、「資本構成」と「配当政策」は、ビジネスマン全員が必要とするというよりもむしろ、財務や経理に携わる方にとって必要となる項目です。したがって、本書では概要を述べるにとどめ、詳しく学ばれたい方は、他の専門書を参照されることをおすすめします。

8-2 資本構成とは

前述のとおり、財務の目的は「企業価値を向上させること」、でありその目的を達成するために財務は三つの役割を持っています。そしてその役割とは、投資、資金調達、配当という三つの意思決定を行うことだといえます。前章では第一の役割である投資の意思決定について説明しました。本章では第二・第三の役割である資金調達の意思決定と配当の意思決定について論じます。つまり企業がどのように資金調達をすればいいのか、ということと、どのような配当政策が望ましいか、という二点についての基本的な考え方を説明します。まず最初に企業の資金調達について説明していきます。

企業の資金調達方法は大きく分けて二つの方法があります。それは返済義務のある負債（他人資本）による方法と返済義務のない株主資本による調達です。

例えば負債による資金調達では、借入金（長期・短期）による調達、社債による調達、

企業の資金調達方法

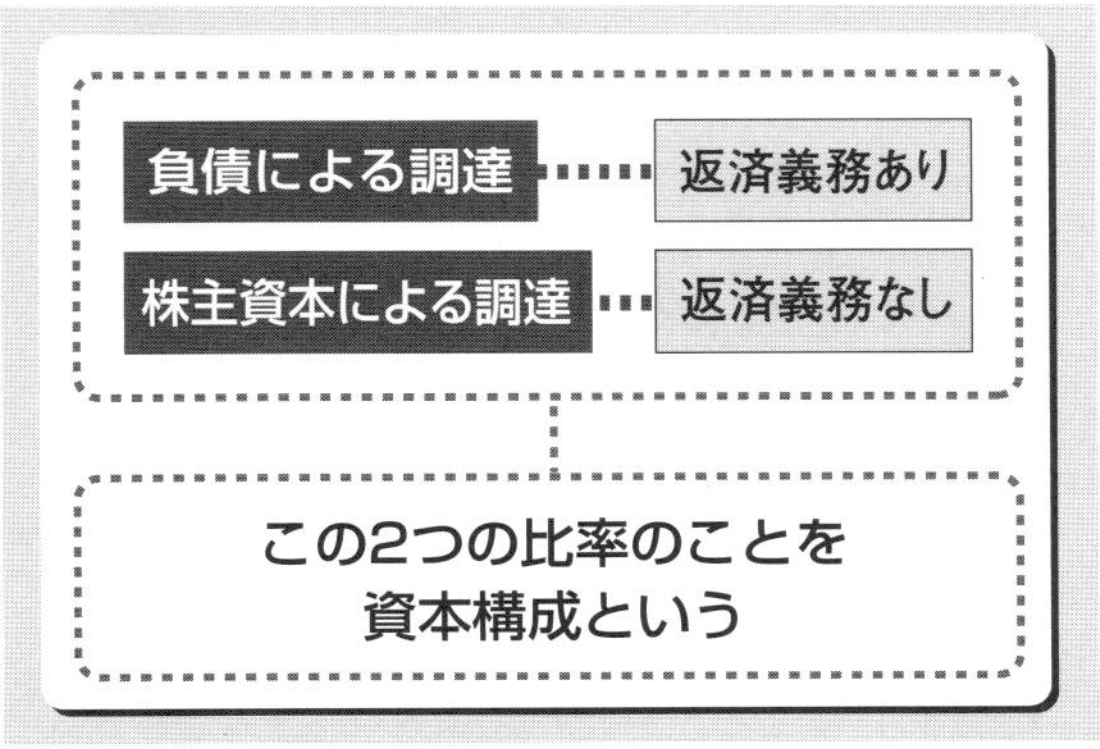

転換社債による調達などが考えられ、株主資本による資金調達では第三者割当増資などが考えられます。

それぞれに特徴があり、企業の目標、成長ステージ、経営スタイル、財務体質などによって様々な資金調達方法の組み合わせが考えられます。本章での中心的議論は、返済義務のある負債と返済義務のない株主資本のバランスをどのようにとって資金調達をすればよいのかということです。当然その議論は資本コストの観点から考えなければならないことになります。

本章では資本構成がどのように企業価値に影響を及ぼすかを考えていきます。

8-3 企業価値の要素

資本構成とは、企業の資金調達の源泉である負債と株主資本との比率をどうするかということですが、その資本構成が企業価値に与える影響とはどのようなことでしょうか。企業価値は、ファイナンスでは将来において獲得し得るキャッシュフローの現在価値の総和であると説明することができます。計算式で表すと次のようになります。

$$\frac{FCF_1}{(1+r)}+\frac{FCF_2}{(1+r)^2}+\frac{FCF_3}{(1+r)^3}+\cdots\frac{FCF_n}{(1+r)^n}$$

これを見るとこの計算式の要素は、「将来獲得し得るキャッシュフロー」と「資本コスト＝割引率」の二つであることがわかります。したがって、企業価値に影響を与えるためには、この二つの要素に影響を与えればよいことになります。つまり「資本構成と将来キャッシュフローとの関係」と「資本構成と資本コストとの関係」を考えてみます。

企業価値の要素

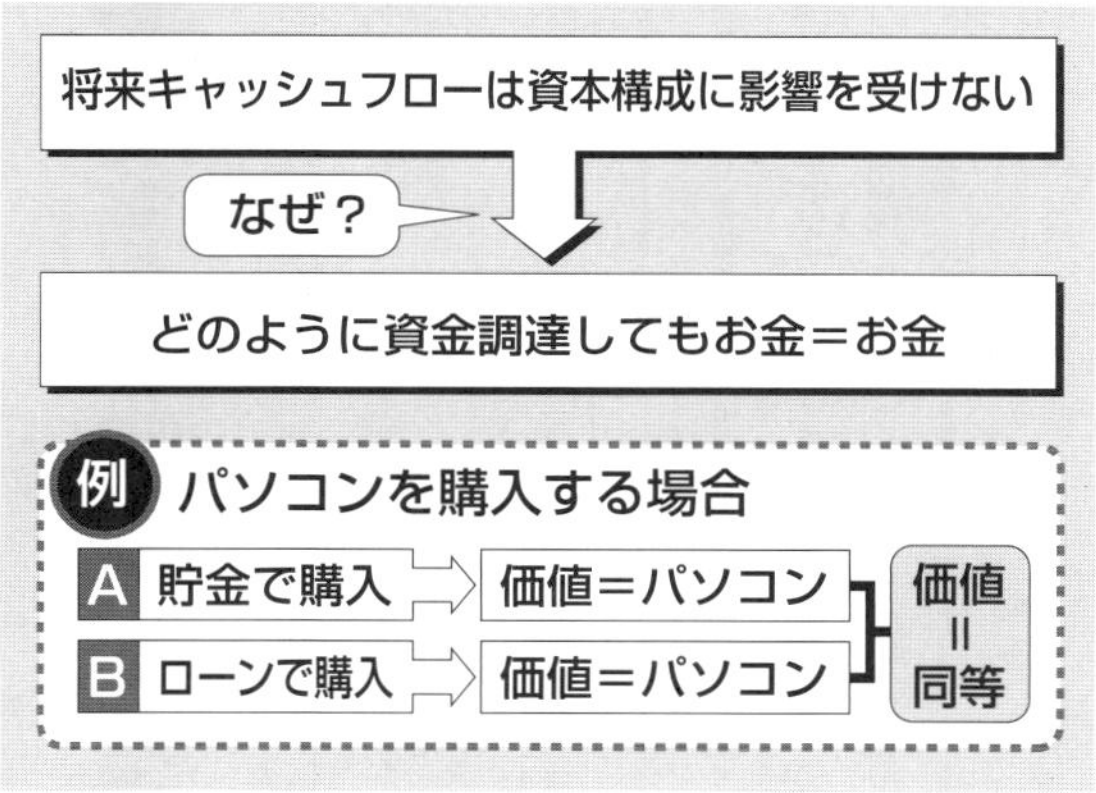
将来キャッシュフローは資本構成に影響を受けない
なぜ？
どのように資金調達してもお金＝お金
例 パソコンを購入する場合
A 貯金で購入
価値＝パソコン
B ローンで購入
価値＝パソコン
価値
＝
同等

まず将来キャッシュフローは資本構成によって影響されるかです。これは影響を受けないと考えられます。なぜならどのように資金調達してきてもお金はお金だからです。例えば家庭用のパソコンを家族のだれかが買う際、貯金（資本：Equity）で買っても、ローン（負債）で買っても、両方の組み合わせで買ってもパソコンの価値はパソコンそのものからくるのであり、パソコンそのものの価値は変わらない、ということです。

資本構成が企業価値に影響を及ぼすとすれば、もう一つの資本コストに影響を与えることによってなされることになります。次項からは、「資本構成と資本コストの関係」を詳しく見ていきます。

8-4 完全資本市場の下での資本構成と企業価値①

まず完全資本市場の下での資本構成が資本コストに与える影響を考えてみます。完全資本市場とは、(1)コストなしに自由に取引きでき、(2)情報がコストなしに入手でき、さらに(3)取引しても価格に影響を与えない条件で、(4)法人税がない状況のことをいいます。結論は、完全資本市場の下では、資本構成は資本コストに影響を及ぼさないといえます。つまり資本構成が変わっても加重平均資本コストは一定であるのです。

まず、設例で見てみましょう。次のような同じ資産を持ち、同じ事業を営むX社とY社があったとします。このときなぜ資本構成が異なる会社であっても加重平均資本コストは変わらないのでしょうか。

■X社の概要　企業価値五、〇〇〇(全額株主資本価値五、〇〇〇、発行済株式数一〇〇株)
好況時：営業利益一、〇〇〇、負債利子〇、純利益一、〇〇〇、一株当たり利益一〇

完全資本市場の下での資本構成と企業価値 ①

X社とY社の違い

X社　株主資本価値5,000、負債価値0

Y社　株主資本価値2,500、負債価値2,500
負債がある分、負債利子が発生し、その分利益が圧縮

不況時：営業利益二〇〇、負債利子〇、純利益二〇〇、一株当たり利益二
期待値：営業利益六〇〇、負債利子〇、純利益六〇〇、一株当たり利益六

■Y社の概要　企業価値五、〇〇〇（全額株主資本価値二、五〇〇、負債価値二、五〇〇（負債利子率六％）、発行済株式数五〇株）
好況時：営業利益一、〇〇〇、負債利子一五〇、純利益八五〇、一株当たり利益一七
不況時：営業利益二〇〇、負債利子一五〇、純利益五〇、一株当たり利益一
期待値：営業利益六〇〇、負債利子一五〇、純利益四五〇、一株当たり利益九

8-5 完全資本市場の下での資本構成と企業価値②

このように負債を利用すると、利益の変動が大きくなることがわかります。負債の利用によって株主が追加的に負担するコストのことを「財務リスク」といいます。またすべて株主資本で資本が構成されている場合に株主が負担するコストのことを「事業リスク」といいます。X社とY社の「事業リスク」は同じです。X社には「財務リスク」はありません。Y社は負債を利用しているので、事業リスクに加えて「財務リスク」があるため、利益の変動が大きくなったといえます。また、このように負債の利用により株主資本のリスクとリターンが両方高まる効果のことを財務レバレッジといいます。

完全資本市場での資本構成と資本コストの関係をまとめると次のようになります。

まず負債コストと株主資本コストとを比較すると、リスクの程度が異なるため、株主資本コストのほうが高く負債コストのほうが低くなります。したがって負債を利用すること

資本構成と資本コストの関係（MM:モジリアーニ&ミラー理論）

負債コスト＜株主資本コスト

↓

❶ 負債を利用することで加重平均資本コストを低くできる

↓

❷ 一方、負債を利用することで財務リスクが発生、
財務リスク分株主資本コストが上昇

↓

❶と❷の効果が相殺し、結果として資本構成が
加重平均資本コストに影響はしない

によって、加重平均資本コストを引き下げることができます。

しかし負債を利用することによって、株主資本コストが上昇してしまいます。それは負債を利用することによって、財務レバレッジが働き、「事業リスク」に加えて、「財務リスク」が加わることになるからです。したがって、「財務リスク」相当分だけ、株主資本コストが上昇します。

すなわち、上記の二つの効果が相殺しあって、結果として、資本構成をどう変えようとも加重平均資本コストに影響はない、つまり企業価値に影響はないといえます。なお、この理論はＭＭ理論といわれています。

8-6 現実の資本市場の下での資本構成と企業価値

前項では、完全資本市場の下での資本構成と企業価値の関係を見ました。完全資本市場の下では、資本構成は企業価値に影響を与えないということでした。しかし現実には完全な資本市場などありえません。次の二点において異なるといえます。

第一は、法人税の存在です。完全資本市場の下では法人税の存在は無視されていましたが、現実には負債コストは、法人税の節税効果分負債コストが引き下げられることになります。したがって現実の資本市場の下では、負債による調達を多くしたほうが、加重平均資本コストは低くなり、結果として企業価値が高まることになります。

第二は、倒産の可能性です。負債比率が高くなると、倒産の可能性が高まります。利益が出なかった場合、株主へは原則リターンを支払う義務は負いませんが、債権者へは利益の有無にかかわらず返済の義務が生じることとなるからです。倒産の危険が増すことによ

現実の資本市場の下での資本構成と企業価値

完全資本市場は存在しない

法人税がある（負債の節税効果）

倒産の可能性がある（負債を増やすと倒産の危険が上昇）

つまり

❶「両者のバランスをコントロール」（返済が安全確実に可能な範囲で、資金繰りに行き詰まらないバランス）した上で、

❷「同業他社を参考」に実施

るコストのことを財務的破綻に伴うコストといいます。したがって負債の比率が高まってくると、節税に伴うコストの低下と同時に、財務的破綻に伴うコストによるコストの上昇が生じます。したがって、両者のバランスをコントロールし、最適な資本構成を決定する必要があります。つまり、理論的には節税効果の現在価値の増分と財務的破綻に伴うコストの増分が等しくなるところで、企業価値は最大化すると考えられます。しかしながら、実際には、最適な解答を求め、実行させることは困難で、「返済が安全確実にできる範囲」及び「資金繰りに行き詰まらない」といった二つのポイントを前提に同業他社を参考にした上で実施されています。

8-7 配当政策

企業と金融・資本市場に関する摩擦のない完全資本市場の前提の下では、配当を支払うことの必要性を証明するのは非常に困難です。むしろこの問題は、「望ましい配当政策」や「最適な配当政策」はどのようなものか、ということになります。

完全な金融・資本市場においては、多くの配当を支払うことも、配当を支払わずに内部留保として企業に残しておくことも「**株主資本＝総資産－負債**」といった前提の下では、株主にとっての企業価値は影響を与えない、ということが証明されています。

つまり、完全資本市場を前提にすると、企業の配当政策は株価に影響を与えないという結論になりますが、現実の世界では、税制、投資家の嗜好（顧客効果）、情報効果などによって配当が株価に影響を与える可能性があります。したがって、企業は財務政策の一環として配当政策をしっかりと決定し、投資家に開示する必要があります。

「配当率」と「配当性向」

■配当率：額面金額に対する1株当たりの配当金の割合

$$配当率(\%) = \frac{1株当たり配当金}{額面金額}$$

■配当性向：当期（純）利益に対する配当金の割合

$$配当性向(\%) = \frac{配当金額}{当期純利益}$$

例えば、日本では、株主割当による額面発行増資が一般的であったため、配当について論じる際は株式額面に対していくらの配当金が支払われるかを表す配当率が一般的に用いられました。また配当率の安定性（経営成果の変動にかかわらず一株当たりの配当金を低位で安定的に支払うこと）が重視されてきました。しかし、今日では時価発行増資が主流となり、収益性などに関する企業評価でも時価が重要視されているため、配当率の持つ意味合いは薄れています。日本においても税引後当期純利益のうち配当へ分配される割合を表す配当性向の重要性が増しており、株主に対する利益還元策としての配当政策を投資家に開示する必要があります。

●加重平均資本コスト（WACC）
＝長期有利子負債の時価／（長期有利子負債の時価＋株主資本の時価）×利子率（1－法人税率）＋株主資本の時価／（長期有利子負債の時価＋株主資本の時価）×株主資本の資本コスト

●企業価値
＝予測期間のキャッシュフローの現在価値＋継続価値の現在価値＋金融資産＋遊休土地の時価

●予測期間のフリーキャッシュフローの予測
＝事業が生み出すキャッシュフロー－投資のキャッシュフロー

●予測期間最終年度の企業価値
＝予測期間におけるフリーキャッシュフローの現在価値＋継続価値の現在価値

●継続価値

$$= \frac{\text{予測期間の翌年のフリーキャッシュフロー}}{\text{加重平均資本コスト}-\text{フリーキャッシュフローの成長率}}$$

●企業（全体）の価値
＝フリーキャッシュフローの現在価値（事業資産の価値）＋金融資産＋遊休土地の時価

●株式価値＝企業価値－負債価値

●一株当たり株価＝株式価値／発行済み株式数

●EVA（経済付加価値）
＝税引後営業利益－資本費用（必要収益額）
＝税引後営業利益－（投下資本×加重平均資本コスト）※

※投下資本
＝正味運転資金（流動資産－流動負債＋短期借入金）＋固定資産

●MVA（市場付加価値）
＝企業の市場価値－投下資本
＝企業が獲得するフリーキャッシュフローの現在価値－投下資本
＝企業が獲得する正味現在価値

■主要算式一覧

●将来価値＝現在価値×（1＋割引率）

●現在価値＝将来価値÷（1＋割引率）

●（単利の場合の）将来受取額＝預金額＋預金×金利×年数

●（複利の場合の）将来受取額＝預金額×（1＋金利）$_{年数}$

●割引率＝期待収益率（投資家が期待する収益率）
＝資本コスト（企業の調達資本コスト）

●ネットキャッシュフロー（キャッシュフロー計算書から計算した場合）
＝事業が生み出すキャッシュフロー－投資のキャッシュフロー

●ネットキャッシュフロー（財務諸表から計算した場合）
＝営業利益×（1－法人税率）＋減価償却費－運転資本の変化－投資

●正味現在価値（NPV）
（FCFをフリーキャッシュフロー、rを割引率として）
＝将来のキャッシュフローの現在価値－投資額

$$NPV=FCF_0+\frac{FCF}{(1+r)}+\frac{FCF_2}{(1+r)^2}+\frac{FCF_3}{(1+r)^3}+\cdots\frac{FCF_n}{(1+r)^n}$$

●永続価値（PV）＝CF/r
（CFをキャッシュフロー、rを割引率として）

●成長永続価値（PV）＝$\frac{CF}{r-g}$
（gをキャッシュフローの成長率、rを割引率として）

●β（市場の変動に対する株価の感応度）
＝個別株式の変動／株式市場全体の変動

●負債コスト＝負債の利子率×（1－法人税率）

●株主資本コスト＝無リスク金利＋β×株式市場プレミアム※

※株式市場プレミアム＝市場の期待収益率－無リスク金利

INDEX（和英対照索引）

ID	キーワード（日本語）	英訳対照	科目
1	1株あたり純利益(EPS)	*Earning Per Share*	Accounting
2	1つのセグメントへの集中	*Single Segment Cocentration*	Marketing
3	3つの基本戦略	*Three Generic Strategies*	Strategy
4	5つの力(ファイブフォース)分析	*Five Forces Analysis*	Strategy
5	7Sモデル(セブンエスモデル)	*Seven S Model*	Strategy
6	KJ法	*KJ method*	Critical Thinking
7	KT法	*KT method*	Critical Thinking
8	MM理論	*Modigliani & Miller Proposition*	Finance
9	NM法	*NM Method*	Critical Thinking
10	Off−JT	*Off the Job Training*	HRM & OB
11	OJT	*On the Job Training*	HRM & OB
12	PM理論	*PM Theory*	HRM & OB
13	POS(商品の販売時点)	*Point Of Sales*	Marketing
14	SWOT分析	*SWOT Analysis*	Strategy
15	X理論、Y理論	*X-theory、Y-theory*	HRM & OB
16	後入先出法(LIFO)	*Last In First Out*	Accounting
17	粗利益	*Gross Profit*	Accounting
18	安全と安定	*Safety & Security*	HRM & OB
19	アンゾフマトリクス	*Ansoff Matrix*	Strategy
20	いくつかのセグメントへの特化	*Selective Specialization*	Marketing
21	インセンティブ	*Incentives*	HRM & OB
22	インベスターズリレーション(IR)	*Investor(s) Relations*	Strategy
23	売上総利益	*Gross Margin*	Accounting
24	受取手形	*Notes Receivable*	Accounting
25	売掛金	*Account Receivable*	Accounting
26	営業利益	*Operating Profit*	Accounting
27	演繹法	*Deductive Method*	Critical Thinking
28	エンパワーメント	*Empowerment*	HRM & OB
29	オフバランス	*Off Balance*	Accounting

30	親会社	*Parent Company*	Accounting
31	買掛金	*Account Payable*	Accounting
32	回帰分析	*Regression Analysis*	Marketing
33	回収期間	*Payback Period*	Finance
34	価格差別化	*Price Discrimination*	Marketing
35	価格戦略	*Pricing Strategy*	Marketing
36	貸し出し審査	*Credit Analysis*	Finance
37	カスタマーリレーションシップマネジメント(CRM)	*Customer Relationship Manegement*	Marketing
38	価値提案	*Value Proposition*	Marketing
39	価値分析(VA)	*Value Analysis*	Finance
40	活動基準管理(ABM)	*Activity Based Management*	Accounting
41	活動基準原価計算(ABC)	*Activity Based Costing*	Accounting
42	活動基準原価計算分析(ABC分析)	*ABC analysis*	Accounting
43	加重平均資本コスト(WACC)	*Weighted_Average Cost of Capital*	Finance
44	合併買収(M&A)	*Merger and Acquisition*	Finance
45	金のなる木(キャッシュカウ)	*Cash Cows*	Strategy
46	株価収益率(PER)	*Price Earning Ratio*	Finance
47	株式公開買付け(TOB)	*Take-Over Bid*	Finance
48	株式持合い	*Cross Shareholding*	Accounting
49	株主資本利益率(ROE)	*Return On Equity*	Accounting
50	感受性訓練(ST)	*Sensitivity Training*	HRM & OB
51	間接法	*Indirect Method*	Accounting
52	完全市場	*Perfect Financial Market*	Finance
53	管理会計	*Managerial Accounting*	Accounting
54	機会	*Opportunities*	Strategy
55	機会コスト(ハードルレート)	*Opportunity Cost (Hurdle Rate)*	Finance
56	帰属意識と愛情	*Belongingness & Love*	HRM & OB
57	期待収益率	*Expected Returns*	Finance
58	期待理論	*Expectancy Theory*	HRM & OB
59	帰納法	*Inductive Method*	Critical Thinking
60	規模の経済	*Economies of Scale*	Marketing

61	キャッシュフロー(CF)	*Cash Flow*	Accounting
62	キャッシュフロー計算書(CFS)	*Cash Flow Statement*	Accounting
63	キャップ・エム(CAPM)	*Capital Asset Pricing Model*	Finance
64	キャリア開発プログラム(CDP)	*Career Development Program*	HRM & OB
65	脅威	*Threats*	Strategy
66	共同ブランド戦略	*Co-brand Strategy*	Marketing
67	経済付加価値™ (EVA™)	*Economic Value Added™*	Finance
68	経常利益	*Recurring Profit*	Accounting
69	限界利益	*Marginal Income*	Accounting
70	減価償却	*Depreciation*	Accounting
71	原価法	*Cost Method*	Accounting
72	現金・預金	*Cash*	Accounting
73	コアコンピタンス	*Core Competence*	Strategy
74	効率的市場	*Efficient Market*	Finance
75	コーポレートアイデンティティ(CI)	*Corporate Identity*	Marketing
76	子会社	*Subsidiary*	Accounting
77	顧客評価	*Customer Valuation*	Marketing
78	顧客満足(CS)	*Customer Satisfaction*	Marketing
79	コストリーダーシップ	*Cost Leadership*	Strategy
80	個別リスク (非システマティックリスク)	*Unique Risk (Unsystematic Risk)*	Finance
81	サービス差別化	*Service Differentiation*	Marketing
82	在庫	*Inventory*	Accounting
83	財務会計	*Financial Accounting*	Accounting
84	財務諸表	*Fiancial Statement*	Accounting
85	先入先出法(FIFO)	*First In First Out*	Accounting
86	サプライチェーンマネジメント (SCM)	*Supply Chain Management*	Strategy
87	差別化戦略	*Differentiation Strategy*	Marketing
88	残留(最終、救済、スクラップ、 売却)価値	*Residual (Terminal, Salvage, Scrap, Disposal) value*	Accounting
89	時間価値	*Time Value*	Finance
90	事業多角化戦略	*Unrelated Diversification Strategy*	Strategy
91	シグナリング	*Signaling*	Strategy

92	自己実現	*Self-Actualization*	HRM & OB
93	資産	*Assets*	Accounting
94	自社株買い	*Stock Repurchase*	Accounting
95	収益性分析	*Profitability Analysis*	Accounting
96	市場開発戦略	*Market Development Strategy*	Strategy
97	市場調査	*Marketing Research*	Marketing
98	市場付加価値(MVA)	*Market Value Added*	Finance
99	市場リスク	*Market Risk*	Finance
100	市場リスク (システマティックリスク)	*Market Risk (Systematic Risk)*	Finance
101	支配率	*Contorolling Interest*	Accounting
102	資本	*Equity*	Accounting
103	資本金	*Common Stock*	Accounting
104	資本構成	*Capital Structure*	Finance
105	集中(フォーカス)	*Focus*	Strategy
106	証券化	*Securitization*	Accounting
107	商標	*Trademarks*	Accounting
108	正味現在価値(NPV)	*Net Present Value*	Finance
109	剰余金	*Retained Earning*	Accounting
110	新規参入事業者	*New Entrants*	Strategy
111	新製品開発	*New Product Cycle*	Marketing
112	新製品開発戦略	*New Product Development Strategy*	Strategy
113	人的資源開発(HRD)	*Human Resource Development*	HRM & OB
114	人的資源管理(HRM)	*Human Resource Management*	HRM & OB
115	浸透戦略 (既存製品·市場強化戦略)	*Penetration Strategy*	Strategy
116	新ブランド戦略	*New Brand Strategy*	Marketing
117	衰退期	*Decline*	Marketing
118	垂直統合	*Vertical Integration*	Strategy
119	水平統合	*Horizontal Integration*	Strategy
120	スタッフィングプロセス	*Staffing Process*	HRM & OB
121	ステークホルダー	*Stakeholder*	Strategy
122	成熟期	*Maturity*	Marketing

123	成長期	*Growth*	Marketing
124	製品差別化	*Product Differentiation*	Marketing
125	製品特化	*Product Specialization*	Marketing
126	セールスフォースオートメーション(SFA)	*Sales Force Automation*	Marketing
127	セグメンテーション	*Segmentation*	Marketing
128	戦略的事業単位(SBU)	*Strategic Business Unit*	HRM & OB
129	戦略的提携	*Strategic Alliance*	Strategy
130	戦略優位性	*Strategic Advantages*	Strategy
131	総資産利益率(ROA)	*Return On Asset*	Accounting
132	組織開発(OD)	*Organaization Development*	HRM & OB
133	損益計算書(P/L)	*Income (Profit & Loss) Statement*	Accounting
134	損益分岐点分析	*Break Even Analysis*	Accounting
135	尊重	*Esteem*	HRM & OB
136	ターゲティング	*Targeting*	Marketing
137	貸借対照表(B/S)	*Balance Sheet*	Accounting
138	代替品	*Substitute Products*	Strategy
139	ダイレクト・メール広告(DM)	*Direct Mail*	Marketing
140	棚卸資産	*Inventories*	Accounting
141	長期負債	*Long Term Debt*	Accounting
142	直接金融	*Direct Financing*	Finance
143	直接法	*Direct Method*	Accounting
144	著作権	*Copyrights*	Accounting
145	強み	*Strengths*	Strategy
146	定額法	*Straight Line Depreciation*	Accounting
147	定率法	*Accelerated Depreciation*	Accounting
148	当座比率	*Current Ratio*	Accounting
149	投資収益率(ROI)	*Return On Investments*	Accounting
150	導入期	*Introduction*	Marketing
151	特許	*Patents*	Accounting
152	取締役会	*Board of Directors*	HRM & OB
153	内部収益率(IRR)	*Internal Rate of Return*	Finance

154	ナレッジマネジメント	*Knowledge Management*	Strategy
155	人間工学	*Ergonomics*	Critical Thinking
156	暖簾	*Goodwill*	Accounting
157	配当収益率	*Dividend - Yield*	Accounting
158	配当性向	*Dividend - Payout*	Accounting
159	配当政策	*Dividend Policy*	Finance
160	発生主義	*Accrual Accouting*	Accounting
161	花形(スター)	*Star*	Strategy
162	バランススコアカード	*Balanced Scorecard*	Strategy
163	バリューチェーン	*Value Chain*	Strategy
164	範囲の経済性	*Economies of Scope*	Marketing
165	標準偏差	*Standard Deviation*	Finance
166	負債	*Liabilities*	Accounting
167	物理的·肉体的欲求	*Physiological*	HRM & OB
168	ブランドエクイティ	*Brand Equity*	Marketing
169	ブランドエクステンション戦略	*Brand Extension Strategy*	Marketing
170	フリーキャッシュフロー (FCF)	*Free Cash Flow*	Finance
171	フルマーケットカバー	*Full Market Coverage*	Marketing
172	プロダクトポートフォリオ (PPM)	*Product Portfolio Management*	Strategy
173	プロダクトライフサイクル	*Product Life Cycle*	Marketing
174	平均法	*Average Method*	Accounting
175	ベータ(リスク指標β)	*Beta*	Finance
176	法定準備金	*Legal Reserves*	Accounting
177	ポートフォリオ	*Portfolio*	Finance
178	ポジショニング	*Positioning*	Marketing
179	マーケット特化	*Market Specialization*	Marketing
180	マーケティングミックス	*Marketing Mix*	Marketing
181	埋没コスト	*Sunk Cost*	Finance
182	前払い費用	*Prepaid Expenses*	Accounting
183	負け犬(ドッグ)	*Dog*	Strategy
184	マスマーケティング	*Mass Marketing*	Marketing

185	マズローの欲求5段階説	*Maslow's Hierarchy of Needs*	HRM & OB
186	マトリックス組織	*Matrix Organization*	Strategy
187	マネジメントバイアウト (MBO**)	*Management Buy Out*	Finance
188	マルチブランド戦略	*Multi-brand Strategy*	Marketing
189	無形資産	*Intangible Assets*	Accounting
190	目標管理(MBO*)	*Management By Objectives*	HRM & OB
191	持分法	*Equity Method*	Accounting
192	モチベーション	*Motivation*	HRM & OB
193	問題解決	*Problem Solving*	Critical Thinking
194	問題解決リサーチ	*Problem Solving Research*	Marketing
195	問題児(クエスチョン)	*Question*	Strategy
196	問題認識リサーチ	*Problem Identification Research*	Marketing
197	有形資産	*Tangible Assets*	Accounting
198	欲求理論	*Needs Theory*	HRM & OB
199	弱み	*Weaknesses*	Strategy
200	ラインエクステンション戦略	*Line Extension Strategy*	Marketing
201	リスク管理	*Risk Management*	Finance
202	リスクフリーレート	*Risk Free Rate*	Finance
203	流動比率	*Quick Ratio*	Accounting
204	レバレッジド・バイアウト(LBO)	*Leverage Buy Out*	Finance
205	連結財務諸表	*Consolidated Financial Statements*	Accounting
206	ロジックツリー	*Logic Tree*	Critical Thinking
207	割引回収期間	*Discounted Payback Period*	Finance
208	割引キャッシュフロー法(DCF)	*Discounted Cash Flow*	Finance
209	割引率	*Discount Rate*	Finance
210	ワントゥワンマーケティング	*One to One Marketing*	Marketing

■参考文献一覧

G. ベネット・ステュワートⅢ著、日興リサーチセンター他訳
『ＥＶＡ創造の経営』東洋経済新報社、1998年
J.L. リビングストン編著、朝日監査法人訳
『ＭＢＡ講座　財務会計』日本経済新聞社、1998年
K.G. パレプ、V.L. バーナード、P.M. ヒーリー著
『企業分析入門』東京大学出版会、1999年
Richard Brea1ey,Principles of Corporate Finance,
sixth edition, McGraw-Hill、2000
アスワス・ダモダラン著、三浦良造他訳
『コーポレート・ファイナンス　戦略と応用』東洋経済新報社、2001年
グロービス著『ＭＢＡアカウンティング』ダイヤモンド社、1996年
グロービス著『ＭＢＡビジネスプラン』ダイヤモンド社、1998年
グロービス著『ＭＢＡファイナンス』ダイヤモンド社、1999午
グロービス著『［新版］ＭＢＡマネジメント・ブック』
ダイヤモンド社、2002年
シアラン・ウォルシュ著、梶川達也、梶川真味訳
『マネジャーのための経営指標ハンドブック　財務諸表、ＲＯＥ、
キャッシュフローまで』ピアソン・エデュケーション、2001年
トム・コープランド、ウラジミール・アンティカロフ著、栃本克之監訳
『決定版　リアル・オプション』東洋経済新報社、2002年
トム・コープランド、ティム・コラー、ジャック・ミュリン著、伊藤邦雄訳
『企業評価と戦略経営―キャッシュフロー経営への転換（第２版）』
日本経済新聞社、1999年
フィリップ・コトラー著、小坂恕、疋田聡、三村優美子訳
『マーケテイング・マネジメント（第７版）』プレジデント社、1996年
R.F. ブルナー、M.R. エーカー、R.E. フリーマン他著、嶋口充輝他訳
『ＭＢＡ講座　経営』日本経済新聞社、1998年
マッキンゼーアンドカンパニー、トム・コープランド、ティム・コラー、ジャック・ミュリン著、マッキンゼーコーポレートファイナンスグループ訳
『企業価値評価一バリュエーション』ダイヤモンド社、2002年
リチャード・ブリーリー、スチュワート・マイヤーズ著
『コーポレートファイナンス　第６版〈上〉〈下〉』日経ＢＰ社、2002年
ロバート・ヒギンス著、グロービス訳
『ファイナンシャル・マネジメント』ダイヤモンド社、1994年

井手正介、高橋文郎著
『ビジネスゼミナール　経営財務入門』日本経済新聞社、2000年
亀川雅人著『入門　経営財務』新世社、2002年
北尾吉孝著『「価値創造」の経営』東洋経済新報社、1997年
小山泰宏著『Ｍ＆Ａ・投資のためのＤＣＦ企業評価』中央経済社、2000年
櫻井通晴著『管理会計　第２版』同文舘出版、2000年
鈴木貞彦著『ケースブック　財務管理』慶応通信、1995年
高橋文郎著『実践　コーポレート・ファイナンス』ダイヤモンド社、2001年
津森信也著『入門企業財務―理論と実践』東洋経済新報社、2000年
土井秀生著『ＤＣＦ企業分析と価値評価』東洋経済新報社、2001年
西山茂著『戦略管理会計』ダイヤモンド社、1998年
森生明著『ＭＢＡ　バリュエーション』日経ＢＰ社、2001年

■監修
青井倫一（あおい・みちかず）
1969年東京大学工学部卒業。1975年同大学大学院経済学研究科博士課程修了。1979年ハーバード大学ビジネススクール留学、経営学博士号授与。1990年慶應義塾大学ビジネススクール（大学院経営管理研究科）教授。産業界でも広くアドバイザーとして活躍。

■編著者
グローバルタスクフォース株式会社
事業部マネジャーや管理本部長、取締役や監査役を含む主要ラインマネジメント層の採用代替手段として、常駐チームでの事業拡大・再生を支援する経営コンサルティング会社。2001年より上場企業の事業拡大・企業再生を実施。上場廃止となった大手インターネット関連企業グループの再生のほか、約50のプロジェクトを遂行する実績を持つ。主な著書に「通勤大学MBA」シリーズ、『ポーター教授「競争の戦略」入門』（以上、総合法令出版）、『わかる！MBAマーケティング』『早わかりIFRS』（以上、PHP研究所）、『トップMBAの必読文献』（東洋経済新報社）など約50冊がある。世界の主要ビジネススクールが共同で運営する世界最大の公式MBA組織“Global Workplace”日本支部を兼務。
URL http://www.global-taskforce.net

通勤大学文庫
通勤大学MBA5　コーポレートファイナンス
2002年9月10日　初版発行
2012年7月4日　8刷発行

監　修　青井倫一
著　者　グローバルタスクフォース株式会社
装　幀　倉田明典
イラスト　田代卓事務所
発行者　野村　直克
発行所　総合法令出版株式会社
〒107-0052　東京都港区赤坂1-9-15
日本自転車会館2号館7階
電話　03-3584-9821
振替　00140-0-69059
印刷・製本　祥文社印刷株式会社
ISBN978-4-89346-762-1

総合法令出版ホームページ　http://www.horei.com/